완전
절친

톡톡톡
말하기
영문법

Introduction

1 영어회화에서 필요 없는 문법 내용은 과감히 제외했습니다.

2 영어로 말할 때에도 전혀 부족함이 없는 기초 문법만 담았습니다.

3 일상생활에서 자주 하는 말을 짧고 간단한 예문으로 표현했습니다.

4 말하기에 필요한 기초 문법을 3단계로 나누어 가볍게 설명했습니다.

    ▶톡! 단계는 정말 쉬운 문법으로 쉽게 말하기

    ▶톡톡! 단계는 영어 좀 한다는 문법으로 말하기

    ▶톡톡톡! 단계는 고급진 영어로 좀 더 길게 말하기

5 QR코드를 찍으면 휴대폰으로 원어민의 음성을 듣고, 말하기 연습을 할 수 있습니다.

PC www.global21.co.kr [학습자료실]에서 다운로드

휴대폰 앱으로 아래 QR코드를 찍으세요. (데이터 주의)

〈MP3파일 다운로드〉   〈실시간 재생〉

이 표시가 있는 문장을 들을 수 있어요.

| 알겠어요. 이해했어요. | ● I got it. 이해한 것 |
| 제가 해냈어요! | ● I made it! 성취한 것 |

정말 쉬운 영어 톡!

>> 단어 / 구 / 절 / 문장

1	I'm good. be동사	9
2	It's mine. 인칭대명사	19
3	This is my report. 대명사	28
4	She is in the room. 전치사	38
5	What is it? 의문사	51
6	I like it! 일반동사	59
7	I can do it. 조동사	70

영어 좀 하는 톡톡!

8	I'm working. 진행시제	84
9	I have just arrived. 현재완료	92
10	Would you like something cold? 형용사	103
11	I usually eat breakfast. 부사	110
12	It is faster. 비교급·최상급	117
13	I can pick you up. 구동사	127
14	I found a book. 단수·복수·관사	138
15	I want to buy A4 paper. to부정사	150
16	I enjoy watching dramas. 동명사	156
17	I'm interested in the book. 수동태	165

Contents

고급진 영어 톡톡톡!

>> 문장이 되려면

18	I come to work at 9 AM. 문장형식	180
19	Call me Mark. 5형식	187
20	The man standing in front is my friend. 분사	194
21	He's a man that I can trust. 관계대명사	202
22	That's why I like you. 관계부사	208
23	I like both of them. 접속사	216
24	If I were you, I would buy it. 가정법	226

>> 불규칙 변화 동사들

톡톡톡 말하기 연습   239

정말 쉬운 영어 **톡!**
말하기 영문법

1_ **I'm** good.   _be동사

2_ It's **mine**.   _인칭대명사

3_ **This** is my report.   _대명사

4_ She is **in** the room.   _전치사

5_ **What** is it?   _의문사

6_ I **like** it!   _일반동사

7_ I **can** do it.   _조동사

단어 / 구 / 절 / 문장

단어란 I, you, love 등 '분리하여 자립적으로 쓸 수 있는 말'입니다. 2개 이상의 단어로 의미를 갖출 때 구라고 하고, 주어와 동사를 갖출 때 절이라고 합니다. 주어와 동사가 적어도 한 개 이상일 때 문장이라고 합니다.

I come to this park. 나는 이 공원에 온다.

5개의 단어: I, come, to, this, park

2개의 구: **this park**(명사구), **to this park**(전치사구)

1개의 절: **I come to this park**

1개의 문장: **I come to this park.**

*I come to this park and (I) walk by the riverside.
  2개의 절로 이루어진 1개의 문장

01

I'm good.

#be동사

🔊 MP3 **01**

오늘 기분이 어때요?
How are you today?

좋아요. 당신은요?
**I'm good.
How about you?**

'~이다'

be동사는 동사 중에서도 가장 많이 쓰이는 동사일 것입니다. 어떠한 상태 '~이다'라는 뜻으로, 문장 속 주어와 시제에 따라 모습이 달라집니다.

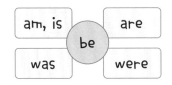

우선 현재의 일을 이야기하는 '~이다'라는 뜻일 때, 주어에 따라 달라지는 be동사의 모습은 각각 **am**, **are**, **is**입니다.

나는 ~이다   **I am** ~

당신은 ~이다   **You are** ~

그는[그녀는/그것은] ~이다   **He[She/It] is** ~

우리들은[당신들은/그들은] ~이다   **We[You/They] are** ~

난 괜찮아요.   ◐ I am **good.**

너는 내 친구야.   ◐ You are **my friend.**

그는 괜찮은 사람이에요.   ◐ He is **good.**

우리는 친구예요.   ◐ We are **friends.**

'~였다'라는 과거의 일을 이야기할 때에는 **be**동사의 모습이 또 변합니다.

am, is → was

are → were

나는 ~였다	I <u>was</u> ~
당신은 ~였다	You <u>were</u> ~
그는[그녀는/그것은] ~였다	He[She/It] <u>was</u> ~
우리들은[당신들은/그들은] ~ 였다	We[You/They] <u>were</u> ~

저 아팠어요.   ○ I was **sick.**

당신 운이 좋았어요.   ○ You were **lucky.**

그는 친절했어요.   ○ He was **kind.**

우리는 잘했어요.   ○ We were **good.**

주어와 **be**동사는 줄여서 각각 **I'm** 아임, **You're** 유얼, **We're** 위얼, **They're** 데얼, **He's** 히이즈, **She's** 쉬이즈, **It's** 잇츠로 말합니다.

난 괜찮아요.   ○ I'm **good.**

너는 내 친구야.   ○ You're **my friend.**

그는 괜찮은 사람이에요.   ○ He's **good.**

우리는 친구예요.   ○ We're **friends.**

'있다'

be동사는 '~이다, ~이었다' 말고도 어떤 위치에 '있다, 있었다'의 의미가 있습니다. There+be동사+명사의 모습으로 '[명사]가 있다'라는 말을 할 수 있습니다. 이때 명사가 하나 이상의 여러 개를 가리키면, be동사도 그에 맞추어 변합니다.

~가 있다   ◯ There is+단수 명사

                    ◯ There are+복수 명사

~가 있었다   ◯ There was+단수 명사

                    ◯ There were+복수 명사

꽃이 있어요.   ◯ There is a flower. 한 송이

                    ◯ There are flowers. 여러 송이

꽃이 있었어요.   ◯ There was a flower. 한 송이

                    ◯ There were flowers. 여러 송이

캐비닛에 펜이 없어요.   ⊙ There is **no pen in the cabinet.**

창고에 박스가 많아요.   ⊙ There are **a lot of boxes in the storeroom.**

부엌에 불이 났어요.   ⊙ There was **a fire in the kitchen.**

버스에 사람이 많았어요.   ⊙ There were **many people on the bus.**

부정의 의미 not

오늘 안녕하지 못하다면 **I'm good.**에 **not**을 넣어 **I'm not good.**이라고 합니다. **not**은 **be**동사 바로 뒤에 붙어서 '~하지 않다'를 의미합니다.

주어+be동사+not ~		
I	am not ~ /	was not ~
You	are not ~ /	were not ~
He[She/It]	is not ~ /	was not ~
We[You/They]	are not ~ /	were not ~

주어+be동사+not은 다음과 같은 모습으로 줄여서 말하기도 합니다.

I'm not	I wasn't
You aren't	You weren't
He[She/ It] isn't	He[She/It] wasn't
We[You/ They] aren't	We[You/They] weren't

저는 이제 아프지 않아요.　　　　**❍ I'm not sick now.**

저는 아프지 않았어요.　　　　　**❍ I wasn't sick.**

당신은 혼자가 아니에요.　　　　**❍ You aren't alone.**

당신은 운이 안 좋았어요.　　　　**❍ You weren't lucky.**

그는 불친절해요.　　　　　　　**❍ He isn't kind.**

(날이) 맑지 않았어요.　　　　　**❍ It wasn't clear.**

우리는 춥지 않아요.　　　　　　**❍ We aren't cold.**

그들은 틀리지 않았어요.　　　　**❍ They weren't wrong.**

be동사로 물어보기

How are you?는 '잘 지내요?, 안녕하시죠?'를 뜻하는 인사말입니다. 문장 끝에 물음표를 붙여 의문문이라는 것을 나타내듯이, 주어와 be동사의 위치를 서로 바꾸는 것도 의문문의 표시입니다. be동사는 앞으로, 주어는 뒤로 서로 자리를 바꿉니다.

평서문 주어+be동사 ~.	의문문 be동사+주어 ~?
I am ~.	Am I ~?
You are ~.	Are you ~?
He is ~.	Is he ~?
She is ~.	Is she ~?
It is ~.	Is it ~?
We are ~.	Are we ~?
They are ~.	Are they ~?

제 말이 맞나요?	◐ Am I **right?**
바쁘세요?	◐ Are you **busy?**
그가 늦나요?	◐ Is he **late?**
(날이) 따뜻한가요?	◐ Is it **warm?**
우리가 1등인가요?	◐ Are we **first?**
그들이 신입인가요?	◐ Are they **new?**

과거의 일을 물을 때에도 마찬가지입니다. **be**동사는 앞으로, 주어는 뒤로
서로 자리를 바꿉니다.

평서문 주어+be동사 ~.	의문문 be동사+주어 ~?
I was ~.	Was I ~?
You were ~.	Were you ~?
He was ~.	Was he ~?
She was ~.	Was she ~?
It was ~.	Was it ~?

We were ~.　　　　　Were we ~?

They were ~.　　　　Were they ~?

제 말이 맞았나요?　　　　○ Was I **right?**

바빴어요?　　　　　　　○ Were you **busy?**

그가 늦었나요?　　　　　○ Was he **late?**

(날이) 따뜻했나요?　　　○ Was it **warm?**

우리가 1등이었나요?　　○ Were we **first?**

그들이 신입이었나요?　　○ Were they **new?**

이렇게 묻는 말에는 **Yes**나 **No**로 짧게 대답할 수 있습니다. 또는 뒤에 주어와 **be**동사를 붙일 수도 있습니다.

🄠 Am I right?　　　ⓞ Yes, you are.

　　　　　　　　　ⓧ No, you aren't.

🄠 Were you busy?　ⓞ Yes, I was.

　　　　　　　　　ⓧ No, I wasn't.

Q Is it warm?   **O** Yes, it is.

X No, it isn't.

Q Were they new?   **O** Yes, they were.

X No, they weren't.

묻는 말에 **not**이 들어간다고 해도, 상황이 **O**라면 **Yes**와 함께 긍정문으로, 상황이 **X**라면 **No**와 함께 부정문으로 대답합니다.

Q Is it warm?   **O** Yes, it is. 따뜻하다는 긍정

X No, it isn't. 따뜻하지 않다는 부정

Q Isn't it warm?   **O** Yes, it is. 따뜻하다는 긍정

X No, it isn't. 따뜻하지 않다는 부정

GO!

말하기 연습 ➍ 240쪽

톡!

02

It's mine.

#인칭대명사

🔊 MP3 02

누구 휴대폰이죠?
Whose cell phone is it?

제 거예요.
It's mine.

인칭대명사

사람을 가리키는 대명사인 인칭대명사에는 나, 너, 그, 그녀, 우리, 당신들, 그들, 그것 등이 있습니다.

I, we 1인칭 　　　 you 2인칭 　　　 he, she, they, it 3인칭

인칭대명사는 문장 속 어느 자리에 오느냐에 따라 '격'이 달라지고, 모습도 달라집니다. 격이란, 일종의 자격으로서, 주격은 주어의 자격으로 주어 자리에 옵니다. 목적격은 목적어의 자격으로 목적어 자리에 옵니다. 소유격은 '~의'라는 소유의 의미를 가집니다.

주격(~은/는)	소유격(~의)	목적격(~을/를)
나는 I	나의 my	나를 me
너는 you	너의 your	너를 you
그는 he	그의 his	그를 him
그녀는 she	그녀의 her	그녀를 her
그것은 it	그것의 its	그것을 it
우리는 we	우리의 our	우리를 us
당신들은 you	당신들의 your	당신들을 you
그들은 they	그들의 their	그들을 them

나는 당신의 친구예요.　　　◐ I'm your friend.

당신이 내 행복이에요.　　　◐ You're my sunshine.

그녀는 자기 방에 있어요.	○ She's in her room.
우리는 그들을 사랑해요.	○ We love them.
그들도 우리를 사랑해요.	○ They love us, too.

소유를 나타내는 표현들

It's mine.의 mine은 '나의 것'이라는 뜻입니다. 누구의 휴대폰이냐는 질문에 It's mine.이라고 한다면 '그것은 나의 휴대폰이에요.'라는 뜻입니다.

It's mine. → It's my cell phone.

이렇게 '~의 것'이라는 뜻의 인칭대명사를 다른 말로 소유대명사라고 부릅니다. 소유를 의미하는 대명사라는 뜻입니다.

나의 것 mine	너(당신들)의 것 yours
그의 것 his	그녀의 것 hers
우리의 것 ours	그들의 것 theirs

그건 그들의 것이에요.　　　　　　○ **That's** theirs.

이 모두가 다 당신 것이에요.　　　○ **This is all** yours.

그의 것은 그 빨간색이에요.　　　　○ **His is the red one.**

우리의 것이 더 커요.　　　　　　○ **Ours is bigger.**

제 우산은 검은색이고, 그녀의 우산은 노란색이에요.
　○ **My umbrella is black. Hers is yellow.**

그녀의 신발은 새것이지만, 제 신발은 오래됐어요.
　○ **Her shoes are new but mine are old.**

인칭대명사 외에 다른 명사에 '~의 것'을 표현한다면 그 단어 뒤에 -'s스를 붙여줍니다. 이때 -'s 뒤에 오는 명사는 생략하여 말하지 않아도 됩니다.

John의 휴대폰이에요.　　　　　○ **It's John's cell phone.**

John의 것이에요.　　　　　　　○ **It's John's.**

만약 명사 자체가 -s로 끝나는 단어라 -s's의 모습이 된다면, -s'만 살려서 말합니다.

A 당신 차 좋네요.　　◐ I like your car.

B 제 차 아니에요.　　◐ It is not mine.
　　부모님 차예요.　　　It is my <u>parents</u>'.

전치사 of

인칭대명사의 소유격으로 표현할 수 없지만 '~의'를 표현해야 할 때 전치사 **of**가 흔히 쓰입니다. 뭔가에 속하거나 그것의 일부분이라는 의미입니다.

A of B 'B의 A'

집(에 달린) 지붕　　◐ the roof <u>of</u> the house

산꼭대기　　　　　◐ the top <u>of</u> the mountain

그는 팀의 일원이에요.　　◐ He is a member of the team.

그녀가 그 책의 작가예요.　◐ She is the writer of the book.

퍼즐 한 조각이에요.　　　◐ It is a piece of the puzzle.

이분들이 제 모임의 회원들이어요.
　◑ These are the members of my group.

일상에서 자주 하는 말에는 **of**가 아닌 **-'s**로 간편하게 말하기도 합니다.

그녀가 그 책의 작가예요.　○ **She is the book's writer.**
= She is the writer of the book.

그게 영화의 제목이에요.　○ **It is the movie's title.**
= It is the title of the movie.

이게 차의 엔진이에요.　○ **This is the car's engine.**

제 친구의 옷가지예요.　○ **They are my friend's clothes.**

하나인 것과 둘 이상인 것

영어는 우리말과 달리 단수와 복수의 개념이 아주 철저합니다. 주어가 한 명(개)이냐, 두 명(개)이냐로 동사가 모습을 바꾸기 때문에, 영어로 말할 때에는 개수에 민감해질 필요가 있습니다. 인칭대명사도 단수와 복수로 나눌 수 있습니다.

단수(하나)	복수(둘 이상)
나 I	우리들 we
너 you	당신들 you
그, 그녀 he, she	그들 they

둘 이상을 뜻하는 **we, you, they**와 어울리는 **be**동사는 **are, were**입니다. 즉, 주어가 무엇이든 둘 이상의 복수라면 **be**동사는 **are, were**가 된다는 것을 알 수 있습니다.

우리는 친구예요.	◯ We are **friends.**
책이 세일 중이에요.	◯ Books are **on sale.**
그들은 친구 사이였어요.	◯ They were **friends.**
사람들은 친절했어요.	◯ People were **kind.**

그 의미가 단수인 I, **you, he, she**도 '~와'를 뜻하는 **and**로 이으면 둘 이상이 되니 복수 주어가 되고, 동사도 복수형으로 모습이 바뀝니다.

그녀와 나는 친구 사이야.	○	**She and I are friends.**
그와 나는 친구 사이였어요.	○	**He and I were friends.**

인칭대명사 외의 명사로 둘 이상의 복수를 나타낼 때에는 명사 뒤에 **-s**를 붙입니다. 명사 끝의 발음에 따라 모습이 조금 달라지기도 합니다.

car ○ cars	일반적으로 + -s
bus ○ buses	-s, -sh, -ch, -x, -o로 끝나는 명사 + -es
baby ○ babies	자음 + y로 끝나는 명사, y를 i로 바꾸고 + -es
knife ○ knives	f 발음으로 끝나는 명사, f를 v로 바꾸고 + -es

정류장에 차 한 대가 있어요.	○	A car is **at the bus stop.**
정류장에 차 여러 대가 있어요.	○	Cars are **at the bus stop.**
도로에 버스 한 대가 있었어요.	○	A bus was **on the road.**

도로에 많은 버스가 있었어요. ⊙ Many buses were **on the road.**

아기가 태어났어요. ⊙ A baby was **born.**

많은 아기들이 태어났어요. ⊙ Many babies were **born.**

칼날이 무뎌요. ⊙ The knife is **dull.**

부엌에 좋은 칼이 있어요. ⊙ Good knives are **in the kitchen.**

말하기 연습 ⊙ 242쪽

톡!

This is my report.

#대명사　　　　　　　　　　　🔊 MP3 03

제 보고서예요.
This is my report.

고마워요. 잘했어요.
Thank you. Good job.

이것과 저것

지시대명사란 아래와 같이 특정한 사람이나 사물을 가리키는 말입니다.

이것, 이 사람 **this**　　　　　저것, 저 사람 **that**

이것은 제 휴대폰이에요.　　　◐ This is **my cell phone.**

저것은 당신 휴대폰이에요.　　◐ That is **your cell phone.**

this와 **that**은 복수의 모습이 따로 있습니다.

this ◐ 이것들, 이 사람들 **these**

that ◐ 저것들, 저 사람들 **those**

이것들은 제 신발이에요.　　　◐ These are **my shoes.**

저것들은 당신 신발이에요.　　◐ Those are **your shoes.**

this와 **that**, **these**와 **those**는 명사 앞에서 형용사처럼 '이, 저'의 뜻으로 쓰이기도 합니다. 명사가 단수라면 **this**와 **that**, 명사가 복수라면 **these**와 **those**을 맞추어 씁니다.

이 휴대폰은 제 것이에요.　　◐ This cell phone **is mine.**

저 휴대폰은 당신 것이에요.　◐ That cell phone **is yours.**

이 신발은 제 것이에요.　　　◐ These shoes **are mine.**

저 신발은 당신 것이에요.　　　　● Those shoes **are yours.**

it과 one

'그것'을 뜻하는 **it**은 특별히 가리키는 대상이 없어도 일상적으로 많이 쓰이는 단어입니다.

알겠어요. 이해했어요.　　　● **I got it.** 이해한 것

제가 해냈어요!　　　　　　● **I made it!** 성취한 것

바람이 불고 구름이 꼈어요.　● **It's windy and cloudy.** 날씨

3월 26일이에요.　　　　　● **It's March 26th.** 날짜

금요일이에요.　　　　　　● **It's Friday.** 요일

오전 10시예요.　　　　　　● **It's 10 AM.** 시간

10킬로미터예요.　　　　　● **It's 10 kilometers.** 거리

5천원이에요.　　　　　　● **It's 5,000 won.** 값

'하나, 둘, 셋'의 '하나'를 뜻하는 단어 **one**은 this, that, it처럼 대명사로도 흔히 쓰입니다. 다음 대화에서 **one**은 **an eraser**를 대신 나타내는 대명사입니다. 대명사로서 **one**은 '앞에서 언급된 것과 같은 종류 중 하나'를 나타냅니다.

Q 지우개 있어요?　　　**Do you have an eraser?**

A 네, 여기요.　　　**Yes, here's one.**

다음 대화에서 **ones**는 **pens**를 대신 나타내는 대명사입니다. 한 개 이상의 펜을 의미하기 때문에 **one**의 복수형 **ones**가 됩니다.

Q 펜 좀 있어요?　　　**Do you have some pens?**

A 네, 검은색으로 있어요.　**Yes, I have black ones.**

one과 **it**의 차이는, **it**은 앞에서 언급한 바로 '그것'을 뜻하는 반면, **one**은 앞에서 언급한 바로 그것은 아니지만 '같은 종류의 것'을 뜻합니다.

Q 저 버스카드를 잃어버렸어요. 제 버스카드 봤어요?
I lost my bus card. Did you see it?
it = my bus card

A 여기 새 카드예요. 새 버스카드는 잃어버리지 마요.
Here's a new one. Don't lose it.
one = bus card　　it = a new bus card

other

other는 '다른 사람, 다른 것'을 뜻하는 대명사입니다. 대명사 one과 함께 둘 이상의 여러 사물을 하나씩 짚어가며 말할 때 유용한 표현입니다. 처음 하나는 one, 그다음부터는 other를 이용합니다.

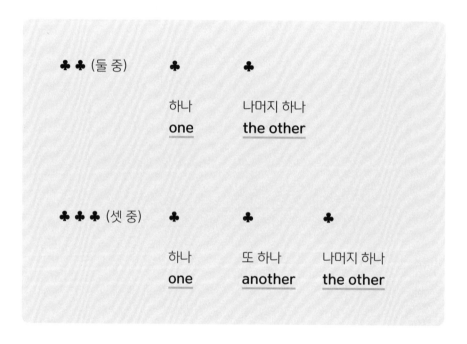

another는 an other(다른 하나)가 붙어서 굳어진 말이고, '나머지 (그) 하나'는 the other로 표현합니다.

사과 2개가 있어요. 하나는 당신 것, 나머지 하나는 내 것이죠.
○ There are two apples. One is yours, and the other is mine.

저는 아이가 셋이 있어요. 하나는 대학생, 하나는 고등학생, 나머지 하나는
집에 있어요.

○ I have three children. One is in college, another is in
high school, and the other is at home.

some

'조금, 몇몇의'를 뜻하는 **some**은 대명사로 쓰이면 여러 개 중에서 '몇 개, 몇

사람'을 뜻합니다. 많은 것들 중에서 몇 개씩 그룹을 지어 말할 때 유용합니다.

처음 그룹은 **some**, 그다음부터는 **other**를 이용합니다.

others는 other의 복수로서 some 이외의 것들을 그룹 짓습니다. '나머지 것들'이라면 **the others**, 개수가 명확하지 않은 '다른 것들'은 **others**로 표현합니다.

계란 10개가 있어요. 몇 개는 노란색, 나머지 몇 개는 하얀색이에요.
> **10 eggs are here. Some are yellow and the others are white.**

오늘 많은 사람들을 만났어요. 몇 명은 친절했는데, 다른 사람들은 그렇지 않았어요.
> **I met many people today. Some were kind, but others were not.**

이외에도 일상에서 많이 사용하는 대명사들이 있습니다.

각각 **each**　　　둘 다, 양쪽 **both**　　　모두 **all**

우리 각자는 특별해요.　　○ **Each of us is special.**

우리는 서로 좋아해요.　　○ **We like each other.**
　　　　　　　　　　　　*each other = one another 서로

저는 둘 다 좋아요.　　○ **I like both of them.**

34

저는 모두 다 좋아요.　　　　⊙ I like all of them.

셀프

인칭대명사에 **-self**를 붙여 '~ 자신이, ~ 자체'라는 말을 할 수 있습니다. 특히, 하려는 말의 주어와 목적어가 같은 대상을 가리킬 때 **-self**를 씁니다.

나는 나를(스스로를) 사랑해요.　⊙ I love myself. (O)

⊙ I love me. (X)

당신 자신 그대로 자연스럽게 해요.　⊙ Be yourself. (O)

⊙ Be you. (X)

한 가지 유의할 점은 **we, you, they**와 같이 복수를 뜻하는 인칭대명사와 만나면 **-self**는 **-selves**가 된다는 것입니다. 복수이기 때문에 **f**를 **v**로 바꾸고 **-es**가 붙은 것으로, **knife**가 여러 개면 **knives**가 되는 것과 같은 식입니다.

단수	복수
I - myself	we - ourselves
you - yourself	you - yourselves

마음껏 드세요.　　　　　　　　○ (You) Help yourself.

마음껏 즐기세요.　　　　　　　○ (You) Enjoy yourself.

직접 하세요.　　　　　　　　　○ (You) Do it yourself. (DIY)

직접 확인하세요.　　　　　　　○ (You) See for yourself.

우리 힘으로 할 수 있어요.　　　○ We can do it ourselves.

저 혼자만 알고 있을게요.　　　○ I will keep it to myself.

단수	복수
he - himself	they - themselves
she - herself	
it - itself	

그녀는 혼자 살아요.　　　　　　● She lives by herself.

그가 자기소개를 했어요.　　　　● He introduced himself.

TV가 저절로 켜졌어요.　　　　　● The TV turned on by itself.

아이들이 직접 상자를 만들었어요. ● The kids made the box themselves.

말하기 연습 ● 244쪽

톡!

04

She is in the room.

#전치사   🔊 MP3 **04**

한나는 어디에 있죠?
Where is Hannah?

방에 있어요.
She is in the room.

at, on, in '~에'

전치사란 명사 앞에 놓여서 위치와 시간, 방향, 소유, 수단 등을 나타내는 단어입니다. 우선 살펴볼 장소를 나타내는 전치사 **at, on, in**은 '~에, ~에서'를 뜻합니다. 우리말로는 모두 같은 뜻처럼 보이지만 각각 의미하는 범주가 다릅니다.

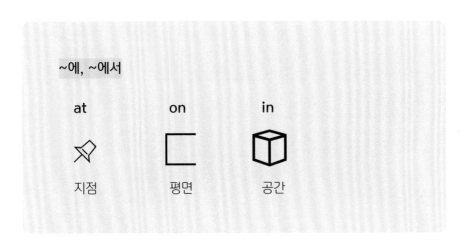

at은 지도 위에 한 장소를 핀으로 꽂아 표시하듯이, 특정 지점을 콕 집어 가리킬 때 씁니다.

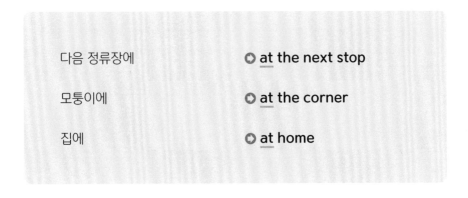

다음 정류장에   ◐ at the next stop

모퉁이에   ◐ at the corner

집에   ◐ at home

집에 휴대폰을 놓고 왔어요.   ◐ I left my mobile at home.

바닥, 벽, 천장과 같이 평평한 면과 접촉한 상태라면 on과 어울립니다.

바닥에	⊙	on the floor
벽에	⊙	on the wall
천장에	⊙	on the ceiling

음식이 바닥에 떨어졌어요.   ⊙ **Food fell** on the floor.

3차원의 입체 공간 '속'에 있다는 의미라면 **in**과 어울립니다.

박스 안에	⊙	in the box
집 안에	⊙	in the house
주방 안에	⊙	in the kitchen

모두가 집 안에 있어요.   ⊙ **Everyone is** in the house.

at, on, in이 시간을 나타낼 때도 같은 개념이 적용됩니다. **at**은 시계바늘이 숫자를 가리키듯, 시간의 흐름 속에 어느 한 순간을 가리킬 때 씁니다.

at + 시각, 나이 등 시간을 나타내는 숫자, 특정한 때

10시 30분에 　　　　　　　○ at 10:30

그때에 　　　　　　　　　　○ at that time

크리스마스 시즌에 　　　　○ at Christmas

오후 4시 반에 만나요. 　　　○ Let's meet at 4:30 PM.

on은 평면의 달력 위에 있는 요일과 날짜, 기념일, 빨간 날과 어울립니다.

on + 요일, 날짜를 나타내는 말, 삼일절 같은 특정한 날

월요일에 　　　　　　　　　○ on Monday

4월 5일에 　　　　　　　　　○ on April 5th

크리스마스 날에 　　　　　○ on Christmas day

그녀는 월요일에 근무해요. 　○ She works on Monday.

우리가 특정 시간 속에 들어 있다고 생각해 보세요. in은 달력을 넘기는 정도의 긴 시간과 어울립니다.

in+월, 년, 계절을 나타내는 말

8월에	◐ in August
2000년에	◐ in 2000
여름에	◐ in the summer

제 생일은 2월이에요.   ◐ **My birthday is** in **February.**

in은 시간의 경과를 나타내어 '~후에'라는 뜻으로도 쓰입니다.

그는 일주일 후에 돌아올 거예요.   ◐ **He will be back** in **a week.**

하루 시간의 흐름에 따라 **in**과 **at**이 각각 어울리는 표현이 따로 있습니다.

오전에 **in the morning**	**at dawn** 동 틀 녘에
	at noon 낮 12시에
오후에 **in the afternoon**	
	at dusk 해 질 녘에
저녁에 **in the evening**	**at night** 밤에
	at midnight 밤 12시에

저는 정오에 점심을 먹어요. ◎ **I have lunch** at noon.

저녁에는 휴식해요. ◎ **We relax** in the evening.

밤에는 동네가 조용해요. ◎ **The neighborhood is quiet** at night.

영화가 자정에 끝나요. ◎ **The movie ends** at midnight.

for '~를 위하여'

하나의 전치사에는 다양한 의미가 들어 있습니다. 모든 뜻을 외우려는 부담은 갖지 말고, 대표적인 의미와 뉘앙스만 기억해 두어도 충분합니다. for는 대표적으로 '~를 위하여'라는 의미로 많이 쓰입니다.

For us! 우리를 위해!

for는 대상을 생각하고, 대상을 향하여 바라보는 느낌입니다. 그 대상은 목적이 되기도 하고, 원하는 것이 되기도 합니다. 예를 들어, **look for a job** '일자리를 구하다'의 의미를 생각해보면 전치사 **for**가 목적의 의미가 있다는 것을 알 수 있습니다.

이 선물은 당신(을 위한) 거예요.　　○ **This present is for you.**

저는 일자리를 구하고 있어요.　　○ **I'm looking for a job.**

이 열차는 여의도 행 열차입니다.　　○ **This train is for Yeouido.**

수업을 위해 그 책을 읽어요.　　○ **I read the book for class.**

for는 '~ 동안에'라는 시간의 길이를 나타내기도 합니다. 비슷한 의미를 가진 말로 **during**이 있는데, 두 전치사는 구분해서 사용해야 합니다. **for**는 1시간

동안, 사흘 동안, 한 달 동안 등 시일이 얼마나 걸리는지(**how long**) 나타내는 말과 함께 쓰고, **during**은 어떤 사건이나 일이 일어나는 '기간'을 나타내는 말과 어울립니다.

한 시간 동안 집안일을 했어요.
> **I did housework for an hour.**

주말 동안 집안일을 했어요.
> **I did housework during the weekend.**

하루 종일 집에 있었어요.
> **I stayed at home** for a day.

일주일간 휴가를 가고 싶어요.
> **I want to get away** for a week.

우리 가족은 휴가 동안 캠핑을 갈 거예요.
> **My family will go camping** during the holidays.

of '~의'

of는 '~의'라는 뜻으로, **A of B**하면 'B의 A'라는 뜻이고, 이것은 **A**와 **B**가 서로 연결된 느낌을 줍니다. 그래서 소속, 일부분, 소유를 의미합니다.

저는 그 클럽 소속이에요. ➔ I'm a member of the club.

그녀가 그 팀의 리더예요. ➔ She's the leader of the team.

병뚜껑을 여세요. ➔ Open the lid of the bottle.

그녀가 가게의 주인이에요. ➔ She's the owner of the store.

위와 아래

over는 '~ 위에'를 기본 뜻으로 합니다. 접촉의 개념이 있는 on과 비교해 over는 상하의 개념에서 '위쪽'을 의미합니다. 대상의 위쪽에 좌우로 펼쳐진 공간의 이미지로, 움직임을 넣으면 '~를 넘어'라는 의미도 갖습니다. 또 수량이나 정도의 초과, 이상을 뜻합니다.

건물 위에 해 좀 봐요. ➔ Look at the sun over the buildings.

이리 와! 웅덩이를 뛰어넘어! ➔ Come here! Jump over the puddle!

우리는 언덕을 올랐어요. ➔ We climbed over the hills.

12세 이상 어린이들 ➔ Children 12 years and over

under는 over의 반대 개념으로 '~ 아래에'를 기본 뜻으로 합니다.

책상 밑으로 들어가세요.　　　　○ Get under the table.

몇몇 사람들이 나무 아래에 있어요.○ Some people are under the tree.

우리는 한 집에서 살아요.　　　　○ We live under the same roof.

12세 이하 어린이들　　　　　　 ○ Children 12 years and under

기타 전치사

시간과 장소의 방향성

~로부터(출발) **from**　　　　　~로, ~에게(방향) **to**

왼쪽에서 오른쪽으로 보세요.　　○ Look from left to right.

저는 아침 9시부터 오후 5시까지 공부해요.

　　　　　　　　　　　　　　　○ I study from 9 AM to 5 PM.

앞과 뒤

~ 앞에 **in front of**　　　~ 뒤에 **behind**

우린 시청 앞에서 만났어요.　　⊙ **We met** in front of **City Hall.**

건물 뒤에 주차했어요.　　⊙ **I parked the car** behind **the building.**

옆과 사이

~ 옆에 **next to**　　　(둘) 사이에 **between**

제 텀블러는 당신 것 옆에 있어요.　⊙ **My tumbler is** next to **yours.**

저는 부모님들 사이에 있어요.　⊙ **I'm** between **my parents.**

참고로, **I'm between jobs.** 라고 하면 직업과 직업 사이에 있다는 의미로, '저는 지금 실직 상태예요, 일을 쉬고 있어요.'라는 뜻이 됩니다.

시간의 전과 후

~ 전에 **before**   ~ 후에 **after**

점심 전에 만나요.   ◐ Let's meet before lunch.

퇴근 후에 저녁 먹읍시다.   ◐ Let's have dinner after work.

기타 자주 쓰는 표현

~ 주위에 **around**   ~ 가까이에 **near**

~에 대해서 **about**   ~를 타고 **by**

이 근처에 사세요?   ◐ Do you live around here?

집 가까이에 시장이 하나 있어요. ◐ There is a market near my house.

영화는 슈퍼히어로에 관한 거예요. ◐ The movie is about a superhero.

저는 지하철을 타고 출근해요.   ◐ I go to work by subway.

참고로, **by**는 '~에 의하여'의 의미도 있습니다. 책이나 글에 누가 썼는가를 표시할 때 **written by**+지은이 '[지은이]에 의하여 써짐'이라고 합니다.

~와 함께 **with**	~ 없이 **without**
~ 때문에 **because of**	~ 덕분에 **thanks to**

전 부모님과 함께 살아요.   ⊙ I live with my parents.

나 빼고 가지 마요.   ⊙ Don't leave without me.

교통체증 때문에 늦어요.   ⊙ I'm late because of traffic.

덕분에 제가 시험을 통과했어요.   ⊙ Thanks to you, I passed my test.

말하기 연습 ⊙ 246쪽

05

What is it?

#의문사

◀)) MP3 **05**

그게 뭐예요?

What is it?

새로 나온 휴대폰 게임이에요.

It's a new phone game.

의문사

의문문은 묻는 말입니다. 우리말은 말의 끝을 올리고 '~니?, ~까?' 등의 어미를 붙이면 묻는 말이 되지만, 영어는 말의 시작부터 주어와 동사의 순서를 바꿔주어야 묻는 말이 됩니다.

Q 당신 괜찮아요?   **⊙ <u>Are</u> <u>you</u> okay?** 동사＋주어의 순서

A 저는 괜찮아요.   **⊙ <u>I am</u> okay.** 주어＋동사의 순서

의문사란, '의문의 초점이 되는 사물이나 사태를 지시하는 말'로, **who** 누가, **when** 언제, **where** 어디에서, **what** 무엇을, **how** 어떻게, **why** 왜가 있습니다. 의문사는 의문의 대상에 대해 구체적으로 질문할 수 있는 표현이기 때문에 중요합니다. 그래서 의문사를 써서 묻는다면 의문사를 가장 먼저 말합니다.

의문사 + 동사 + 주어 ~?

누구세요?	⊙ Who **are you?**
언제지요?	⊙ When **is it?**
어디세요?	⊙ Where **are you?**
그게 뭐예요?	⊙ What **is it?**
어떻게 지내세요?	⊙ How **are you?**
왜 화가 나셨어요?	⊙ Why **are you mad?**

이렇게 구체적인 질문에는 **Yes**, **No**로 대답하지 않고, 질문에 상응하는 구체적인 답변을 해줍니다.

Q 누구세요?　　　　　　　○ Who **are you?**

A 한나예요.　　　　　　　○ I'm Hannah.

Q 언제지요?　　　　　　　○ When **is it?**

A 월요일이요.　　　　　　　○ It's Monday.

Q 어디세요?　　　　　　　○ Where **are you?**

A 화장실에 있어요.　　　　　○ I'm in the restroom.

Q 그게 뭐예요?　　　　　　○ What **is it?**

A 새로 나온 게임이에요.　　　○ It's a new game.

Q 어떻게 지내세요?　　　　　○ How **are you?**

A 잘 지내요.　　　　　　　○ I'm good.

Q 왜 화가 나셨어요?　　　　○ Why **are you mad?**

A 저 화 안 났어요.　　　　　○ I'm not mad.

who, what, which

who와 what은 I, me, you처럼 주어와 목적어가 될 수 있는 의문대명사입니다.

주어	목적어
누가 who	누구를 who, whom
무엇이 what	무엇을 what

의문사는 주어든 목적어든 의문문의 맨 앞에 말합니다. 의문사가 주어일 때에는 바로 뒤에 동사가 옵니다.

누가 ~하나요?	❯ Who + 동사 ~?
무엇이 ~하나요?	❯ What + 동사 ~?

주어의 수와 문장의 시제는 의문사 바로 뒤의 동사에 나타냅니다. 의문사가 주어일 때에는 3인칭 단수로 취급하여, 현재시제일 때 동사도 3인칭 단수형으로 말합니다.

누가 당신과 함께 가죠?   ◑ Who **goes with you?**

누가 여기서 근무하죠?   ◑ Who **works here?**

이게 무슨 일이에요?   ◑ What **is going on here?**

무슨 일인가요?   ◑ What **happened?**

의문사가 뒤에 나오는 동사의 목적어가 될 때에도 의문사를 맨 먼저 말합니다. 특이한 것은 의문사와 주어 사이에 동사 **do**가 필요하다는 것인데, 뒤에서 다루지만, *이 책의 65쪽 참고 이 **do**는 아무 의미가 없고, 주어의 수(**do**, **does**)와 문장의 시제(**did**)를 나타내는 기능을 합니다. 그러므로 주어 다음에 오는 동사는 원형으로 말합니다.

누구를 ~하나요?   ◐ **Who**＋**do**＋주어＋동사원형 ~?

무엇을 ~하나요?   ◐ **What**＋**do**＋주어＋동사원형 ~?

누구를 가장 좋아해요?   ◑ Who **do you like most?**

누구에게 전화했죠?   ◑ Who **did you call?**

어떻게 생각해요?   ◑ What **do you think?**

그들이 원하는 게 뭐였죠?   ◯ What **did they want?**

which는 '어느 것, 어느 사람'을 뜻하는 의문대명사입니다. 여럿 중에서 하나를 고를 것을 요청할 때 유용한 말입니다.

Q 어느 게 가장 마음에 들어요?   ◯ Which **is your favorite?**

A 빨간 거요.   ◯ **The red one.**

Q 어느 것이 고장 난 거죠?   ◯ Which **is broken?**

A 이거예요.   ◯ **This one.**

who, what, which는 명사와 함께 써서 다양한 표현을 만듭니다. 명사 앞에서 who는 whose로 변해 '누구의'라는 의미로, what과 which는 '어떤, 어느'의 의미로 쓰입니다.

Whose/What/Which + 명사 ~?

이건 누구의 휴대폰이죠?   ◯ Whose phone **is this?**

몇 시예요?   ◯ What time **is it?**

어느 게 당신 거예요?	● Which one **is yours?**
누구의 메모를 봤죠?	● Whose notes **did you see?**
어떤 TV프로그램을 좋아했어요?	● What TV show **did you like?**
어느 책을 선호했지요?	● Which book **did you prefer?**

how

뒤에 붙는 형용사에 따라 의문사 **how**로 다양한 정보를 물어볼 수 있습니다.

나이	● How old + 동사 ~?
수	● How many + 동사 ~?
양	● How much + 동사 ~?

Q 몇 살이세요?   ● How old **are you?**

A 25살이에요.   ● I'm twenty five.

Q 이 음식 얼마나 됐어요? **◐** How old is the food?

A 몰라요. **◐** I don't know.

Q 거기 몇 개가 있나요? **◐** How many are there?

A 17개 있어요. **◐** There are seventeen.

Q 얼마인가요? **◐** How much is it?

A 5천원이요. **◐** It's 5,000 won.

how many와 how much 뒤에는 명사가 올 수 있습니다. how many는 하나, 둘, 셀 수 있는 수의 개념이니, 뒤의 명사는 항상 복수 형태로 말합니다.

우리가 시간이 얼마나 있죠? **◐** How much time do we have?

당신 신용카드가 몇 개예요? **◐** How many credit cards do you have?

말하기 연습 **◐** 248쪽

I like it!

#일반동사 　　　　　　　　　　　　　　　　　　◀) MP3 06

어떻게 생각해요?

What do you think?

마음에 들어요.

I like it!

일반동사

일반동사란, be동사와 구분하여, 주어의 행동이나 움직임을 나타내는 동사를
말합니다. 아래 think와 like 같은 동사들이 일반동사입니다.

what do you think?　　　I like it!

be동사가 주어의 인칭과 수에 따라 **am**, **are**, **is**로 그 모습이 달라지듯, 일반동사도 주어에 따라 모습이 바뀝니다. 주어가 '그, 그녀, 그것' 등 3인칭의 단수라면 일반동사 뒤에 **-s**를 붙여 말합니다.

like + -s → likes

| 전 그게 좋아요. | ● I like it. |
| 그녀는 그걸 좋아해요. | ● She likes it. |

be동사의 **was**, **were**처럼, 일반동사도 과거를 나타낼 때 모습이 변합니다. 뒤에 **-ed**를 붙여 말하면 됩니다. 주어가 3인칭 단수든 복수든 상관없이 과거의 일이라면 **-ed**를 붙여야 합니다.

like + -ed → likeed → liked

| 전 그게 좋았어요. | ● I liked it. |
| 그녀는 그걸 좋아했어요. | ● She liked it. |

하지만 모든 동사들에 규칙적으로 **-ed**가 붙는 게 아니라, 불규칙한 모양으로
변하는 동사들도 있습니다.

think 원형 → thought 과거형

thinked (X)

나는 당신을 생각한다.	○ I **think** of you.
나는 당신을 생각했다.	○ I **thought** of you.
그녀는 당신을 생각했다.	○ She **thought** of you.

불규칙 변화하는 동사들

이러한 동사들은 일정한 규칙을 찾아 묶어서 암기하면 효과적입니다.

발음이 -d로 끝나는 유형

do 하다   **did** 했다

have 가지다   had 가졌다

say 말하다   said 말했다

make 만들다   made 만들었다

-t로 끝나는 유형

feel 느끼다   felt 느꼈다

leave 떠나다   left 떠났다

go 가다   went 갔다

lose 잃다   lost 잃었다

-ought로 끝나는 유형

think 생각하다   thought 생각했다

buy 사다   bought 샀다

원형에서 바뀌지 않는 유형

put 놓다   put 놓았다

read 읽다   read 읽었다 *발음은 [red]로 달라지니 유의

모음이 a로 바뀌는 유형

give 주다   gave 주었다

come 오다   came 왔다

become 되다   became 되었다

see 보다   saw 보았다

run 뛰다   ran 뛰었다

모음이 e로 바뀌는 유형

know 알다   knew 알았다

grow 자라다   grew 자랐다

hold 잡다   held 잡았다

모음이 o로 바뀌는 유형

get 얻다   got 얻었다

tell 말하다	**told** 말했다
find 찾다	**found** 찾았다
take 가져가다	**took** 가져갔다
speak 말하다	**spoke** 말했다

어제 제 상사와 이야기했어요.
> ○ I spoke to my boss yesterday.

우리는 지난 주말에 장을 봤어요.
> ○ We bought groceries last weekend.

저희는 채소를 길렀어요.
> ○ We grew our vegetables.

그녀가 좋은 충고를 많이 해주었어요.
> ○ She gave a lot of good advice.

부정의 의미 do not

'마음에 들지 않아요.'라고 할 때에는 I like it.에 not을 넣으면 됩니다. like와 같은 일반동사와 not이 만나면 not 앞에 동사 do가 필요합니다. be동사와 not이 만날 때와 다릅니다.

주어 + be동사 + not ~.
주어 + do not + 일반동사 ~.

저는 슬프지 않아요.　　　○ I am <u>not</u> sad.

　　　　　　　　　　　　○ I <u>do</u> <u>not</u> feel sad.

이 **do**는 '~하다'라는 뜻이 아닙니다. 아무 의미가 없고, 주어의 수와 문장의 시제를 나타내는 문법적인 기능만 할 뿐입니다. **do not**은 줄여 말할 수 있습니다.

do not　　○ don't

does not　　○ doesn't

did not　　○ didn't

do는 주어가 he, she, it 등 3인칭 단수일 경우 **does**로 변합니다. **do**가 주어에 맞추어 변하기 때문에 뒤에 오는 동사는 원형 그대로 말합니다.

주어 + do[does] not + 동사원형 ~

그는 기분이 좋지 않아요. ● He doesn't feel good. (O)

● He doesn't feels good. (X)

do의 과거는 **did**입니다. 주어가 단수든 복수든 상관없이 과거의 일이라면 **didn't**가 되는 것입니다. 앞에서 **do**가 시제를 표시하기 때문에 동사는 원형 그대로 말합니다.

주어 + did not + 동사원형 ~

그는 기분이 좋지 않았어요. ● He didn't feel good. (O)

● He didn't felt good. (X)

우린 지금 떠나지 않아요. ● We don't leave now.

그녀가 행복해 보이지 않네요. ● She doesn't seem happy.

오늘 제 일을 하지 않았어요. ● I didn't do my work today.

그는 그렇게 생각하지 않았어요. ● He didn't think that.

의문문 속 do

의문문에서도 **do**는 일반동사를 돕는 기능을 합니다. **be**동사는 주어와 자리를 바꾸면 의문문이 되지만, 일반동사는 주어 앞에 **do**가 필요합니다.

> be동사 + 주어 ~?
> Do + 주어 + 동사원형 ~?
> 의문사 + do + 주어 + 동사원형 ~?

그녀가 여기에 있나요?	● Is **she here?**
음악 좋아하세요?	● Do **you like music?**
어느 게 더 좋아요?	● Which do **you like more?**

부정문과 마찬가지로 의문문에서도 주어가 **he**, **she**, **it** 등 3인칭 단수일 경우 **does**로 말하고, 과거의 일이라면 **did**로 말합니다.

> Do[Does/Did] + 주어 + 동사원형 ~?
> 의문사 + do[does/did] + 주어 + 동사원형 ~?

아이스크림 먹을래요?	◐ Do **you want some ice cream?**
그에게 차가 있나요?	◐ Does **he have a car?**
제 선물이 괜찮았나요?	◐ Did **you like my present?**
무슨 뜻이죠?	◐ What do **you mean?**
그게 무슨 뜻이에요?	◐ What does **that mean?**
뭐라고 말씀하셨어요?	◐ What did **you say?**

이렇게 **do**로 묻는 말에는 **Yes, No**로 답하고, 뒤에 주어와 **do**를 덧붙일 수 있습니다. 이때, 질문의 시제와 주어의 인칭에 맞추어 답하도록 합니다.

Q 하는 일이 즐겁나요?   ◐ Do you **enjoy your work?**

◉ Yes, I do.

✖ No, I don't.

Q 그분이 당신과 함께 일하나요?
◐ Does he **work with you?**

◉ Yes, he does.

✖ No, he doesn't.

Q 그녀가 일을 끝냈나요? ❯ Did she **finish her work?**

❍ Yes, she did.

❌ No, she didn't.

톡!

07

I can do it.

#조동사 #명령문

◀) MP3 **07**

누가 할 수 있죠?

Who can do it?

제가 할 수 있어요.

I can do it.

조동사

'~를 할 수 있다, ~일지도 모른다' 등 일반동사 하나로 나타내기에는 부족한
의미를 표현하기 위해 조동사를 이용합니다. 조동사는 동사 앞에 오며,
시제는 나타내되, 주어의 인칭과 수에 따라 모습이 변하지 않고 원형 그대로
쓰입니다. 또, 조동사 뒤에는 항상 동사원형이 옵니다.

조동사 + 동사원형

나는 운전할 수 있다.

> I can drive. (O)
> I can drove. (X)
> I can driving. (X)

그녀는 운전할 수 있다.

> She can drive. (O)
> She can drives. (X)
> She cans drive. (X)

'~할 수 있다'

능력을 나타내는 조동사는 **can**입니다. 과거의 일을 '~할 수 있었다'는 과거시제는 **could**입니다. '~할 수 없다'는 **cannot**, 줄여서 **can't**로 말합니다. **could not**은 **couldn't**가 됩니다.

저는 스케이트를 탈 수 있어요.　　> I can skate.

저는 피아노를 못 쳐요.　　> I can't play the piano.

10대 때는 스케이트를 탈 수 있었어요.

> I could skate in my teens.

작년에는 자전거를 못 탔어요.　　> I couldn't ride a bike last year.

'~할 것이다'

앞으로의 일에 대해서 말할 때에는 조동사 will을 씁니다. will의 과거형으로 would가 있지만, 그 자체로 미래를 의미하는 단어가 과거로 쓰일 수는 없으니 단독으로는 과거시제로 쓰이지 않습니다. will의 '~하지 않을 것이다'는 will not, 줄여서 won't로 말합니다.

🗣	내일 투표할 거예요.	◐ I will vote tomorrow.
	다음 주에 휴가를 갈 거예요.	◐ I will go on vacation next week.
	답을 말하지 않을 거예요.	◐ I won't say the answer.
	그 가게는 가지 않을 거예요.	◐ I won't go to the store.

'~해 주실래요?'

부탁이나 요청, 또는 제안을 할 때 조동사 can과 will이 요긴하게 쓰입니다. 과거형인 could와 would가 좀 더 정중히 요청하는 뉘앙스를 담고 있습니다.

Can you ~?   Will you ~?

| Could you ~? | Would you ~? |

저 좀 도와줄래요? → Can you **help me?**

길 좀 알려주겠어요? → Will you **show me the way?**

다시 한 번 말씀해주시겠어요? → Could you **repeat that, please?**

다시 한 번 해주시겠어요? → Would you **do that again, please?**

'~일지도 모른다'

추측할 때 쓰는 조동사로는 **can**과 **may**가 있습니다. **may**의 과거형으로 **might**가 있는데, '~일 수도 있다'라는 의미로 **may**보다 좀 더 자신이 없을 때 씁니다. **must**는 '~인 게 틀림없다'라는 추측을 넘은 강한 확신을 의미합니다.

확신의 정도 might < can, may < must

괜찮을 수도 있어요. → It might **be okay.**

그런 일이 있을 수 있죠. → It can **happen.**

당신이 옳을지도 몰라요.　　　◐ You may be right.

그거는 사실인 게 틀림없어요.　◐ That must be true.

'~이었을지도 모른다'라는 과거의 일에 대한 추측은 **may+have+과거분사**로 말합니다.

그녀가 여기 있었을지도 몰라요.　◐ She may have been here.

그녀가 생각해 봤을지도 몰라요.　◐ She may have thought about it.

cannot은 추측 내용을 부정하는 '~일 리가 없다'라는 뜻이 됩니다. **may not**은 '~가 아닐지도 모른다', **must not**은 '~이 아님에 틀림없다'라는 뜻입니다.

확신의 정도 may not < cannot < must not

그게 맞는 게 아닐지도 몰라요.　◐ That may not be correct.

그 이야기가 사실일 리 없어요.　◐ The story cannot be true.

소문은 사실이 아닌 게 틀림없어요.◐ The rumor must not be true.

'~해도 된다'

허가를 의미하는 조동사로 **can**과 **may**가 있습니다. 정리하면 **can**은 능력, 추측, 허가의 의미로, **may**는 추측과 허가의 의미로 쓰입니다.

can	능력	추측	허가
may	추측	허가	

제 전화기 써도 돼요.　　　　○ You can use my phone.

여기 있어도 좋아요.　　　　○ You can stay here.

당신은 가도 좋아요.　　　　○ You may be excused.

일찍 퇴근해도 돼요.　　　　○ You may leave work early.

'~해야 한다'

의무를 나타내는 조동사로는 **must**와 **should**가 있습니다. **must**는 '~해야 한다'라는 필요성과 강제적 의무의 뉘앙스가 있고, **should**는 상대에게 하는 충고나 자의적인 의무감을 담고 있습니다.

의무의 정도 should < must

채소를 드셔야 해요. ● You should eat vegetables.

저는 매일 운동해야 해요. ● I should exercise every day.

당신은 프로젝트를 끝내야 해요. ● You must finish your project.

저는 책을 반납해야 해요. ● I must return the books.

'~해서는 안 된다'라는 의미로 **must not**과 **should not**을 씁니다. **must not**은 강제적 금지의 뉘앙스입니다.

금지의 정도 should not < must not

늦게 나가면 안 돼요. ● You should not leave late.

못된 짓을 하면 안 돼요. ● You should not misbehave.

부정행위를 하면 안 돼요. ● You must not cheat.

그 건물에 들어가면 안 돼요. ● You must not enter the building.

must는 과거형이 없습니다. 그래서 '~해야 했다'라고 과거의 의무에 대해 이야기할 때에는 **had to**를 씁니다. **had**는 **have**의 과거형이기 때문에, 구어에서는 must보다는 **have to, has to**를 흔히 씁니다.

저는 짐을 싸야 해요. ❍ I have to **pack my bags.**

그녀는 친구를 기다려야 해요. ❍ She has to **wait for her friend.**

제가 그 방을 청소해야 했어요. ❍ I had to **clean the room.**

일찍 집을 나서야 했어요. ❍ We had to **leave home early.**

의무를 나타내는 **have to**의 부정은 **don't have to**입니다. 하지만 '~해서는 안 된다'라는 의미가 아니라 '~할 필요가 없다'라는 의미입니다. **must not, should not**과는 다른 의미입니다.

don't have to　　= don't need to

　　　　　　　　 ≠ must not, should not

전 그 일을 꼭 할 필요가 없어요. ❍ I don't have to **do that.**

당신은 올 필요 없어요. ❍ You don't have to **come.**

그녀는 청소를 할 필요가 없어요. ◐ She doesn't have to **clean.**

그들은 갈 필요가 없었어요. ◐ They didn't have to **go.**

'~할 수 있을 것이다'

미래에 어떤 일을 '할 수 있을 것이다'라는 말을 할 때에는 조동사 will과 **can**이 필요합니다. 그러나 will can과 같이 조동사 두 개를 연이어 쓰지는 않습니다. 이런 경우, **will**은 그대로 쓰고 '~할 수 있는'이라는 의미의 형용사 **able**을 이용해 말합니다.

그들이 문제를 해결할 수 있을 거예요.
◐ They will be able to solve the problem. (O)

◐ They will can solve the problem. (X)

제가 그 일을 할 수 있을 거예요. ◐ I will be able to **do it.**

그녀는 올 수 있을 거예요. ◐ She will be able to **come.**

그들은 식사할 수 있을 거예요. ◐ They will be able to **eat.**

우린 계속 할 수 있을 거예요. ◐ We will be able to **continue.**

'~하세요'

어떤 일을 시키거나 행동을 요구할 때 말끝에 '~하세요, ~해라'라는 어미를 붙입니다. 영어는 말의 시작부터 동사원형으로 말합니다. '~하지 마세요, ~하지 마라'라고 할 때에는 동사원형 앞에 **Don't** ~ 또는 **Never** ~를 붙입니다. 남에게 정중하게 요청할 때라면 앞뒤로 **please**를 붙여 말합니다.

(Don't/Never) 동사원형 ~

방을 청소하세요.　　　　　◎ Clean **your room.**

문 좀 열어주세요.　　　　　◎ Open **the door, please.**

늦지 마세요.　　　　　　　◎ Don't be **late.**

저 없이는 절대 운전하지 말아요.　◎ Never drive **without me.**

권유할 때

'~합시다, ~하자'라고 권유할 때는 동사 let을 씁니다.

~합시다, ~하자	➲ **Let's**+동사원형
~하지 맙시다, ~하지 말자	➲ **Let's not**+동사원형

같이 나가요.   ➲ Let's **leave together.**

영화 한 편 봅시다.   ➲ Let's **watch a movie.**

더 이상 기다리지 맙시다.   ➲ Let's not **wait anymore.**

너무 늦게까지 밖에 있지 말자. ➲ Let's not **stay out too late.**

권유하면서 상대의 의향을 묻는 표현으로 **Shall we ~?, How about ~?**이 있습니다.

같이 ~할까요?	➲ **Shall we**+동사원형 ~?
~은 어때요?	➲ **How about**+동사원형-ing ~?

저녁식사 하러 나갈까요?   ◑ Shall we **go out for dinner?**

이제 마무리할까요?   ◑ Shall we **call it a day?**

잠깐 쉬는 것 어때요?   ◑ How about **taking a break?**

박물관에 가는 것 어때요?   ◑ How about **going to a museum?**

말하기 연습 ◑ 252쪽

영어 좀 하는 **톡톡!**
말하기 영문법

8_ I'm **working**. _진행시제

9_ I **have** just **arrived**. _현재완료

10_ Would you like something **cold**? _형용사

11_ I **usually** eat breakfast. _부사

12_ It is **faster**. _비교급 · 최상급

13_ I can **pick** you **up**. _구동사

14_ I found **a book**. _단수 · 복수 · 관사

15_ I want **to buy** A4 paper. _to부정사

16_ I enjoy **watching** dramas. _동명사

17_ I'm **interested in** the book. _수동태

실시간 재생

08

I'm working.

#진행시제   🔊 MP3 **08**

뭐 하고 있어요?
What are you doing?

지금 일하고 있어요.
I'm working.

'~하는 중이다'

'(지금) ~하고 있다'라고 현재 진행되는 일시적인 상황을 표현할 때에는
현재진행시제로 나타냅니다. be동사+동사원형-ing로 진행되고 있는 상태를
표현할 수 있습니다.

am/are/is + 동사원형-ing

TV를 보고 있어요.　　　　　　　◯ I am watching **TV**.

우리는 청소를 하고 있어요.　　　　◯ We are cleaning **the house**.

그들이 밖에서 기다리고 있어요.　　◯ They are waiting **outside**.

그녀는 전화를 받고 있어요.　　　　◯ She is answering **the phone**.

동사원형에 -ing를 붙일 때 동사의 철자에 따라 모습이 약간씩 바뀌기도 합니다.

study ◯ study**ing**	일반적으로 +-ing
take ◯ tak**ing**	자음+e로 끝나는 동사, e 빼고 +-ing
lie ◯ l**ying**	ie로 끝나는 동사, ie를 y로 바꾸고 +-ing
get ◯ get**ting**	단모음+단자음으로 끝나는 동사, 자음 한 번 더 쓰고 +-ing

보고서를 검토하고 있어요.　◐ I'm studying **the report.**

그는 쉬고 있어요.　◐ He's taking **a break.**

고양이들이 소파에 누워 있어요.　◐ Cats are lying **on the sofa.**

우리는 점점 나아지고 있어요.　◐ We're getting **better.**

'~하는 중이었다'

'(그때) ~하고 있었다'라고 과거에 진행되었던 일시적인 상황을 표현할 때에는 과거시제이기 때문에 be동사는 **was**와 **were**를 씁니다.

$$was/were + 동사원형-ing$$

보고서를 검토하고 있었어요.　◐ I was studying **the report.**

그는 쉬고 있었어요.　◐ He was taking **a break.**

고양이들이 소파에 누워 있었어요.　◐ Cats were lying **on the sofa.**

우리는 점점 나아지고 있었어요.　◐ We were getting **better.**

부정의 의미 not

'~하는 중이 아니다, ~하는 중이 아니었다'라고 할 때에는 **not**이 필요합니다.

not은 **be**동사와 동사원형-**ing** 사이에 옵니다.

$$be동사 + not + 동사원형-ing$$

TV를 보고 있지 않아요.
> ❍ I'm not watching TV.

전 소파에 누워 있지 않았어요.
> ❍ I wasn't lying on my sofa.

그녀는 전화를 받고 있지 않아요.
> ❍ She isn't answering the phone.

그는 그 프로젝트를 하고 있지 않았어요.
> ❍ He wasn't working on the project.

우리는 청소를 하고 있지 않아요.
> ❍ We're not cleaning the house.

그들이 식물에 물을 주고 있지 않았어요.
> ❍ They weren't watering the plants.

진행 중인지 물어보기

'~하는 중인가요?, ~하는 중이었나요?'라고 묻는다면 be동사가 주어 앞으로 이동합니다. 대답은 Yes, No로 하고, 뒤에 주어와 be동사를 덧붙일 수 있습니다.

be동사 + 주어 + 동사원형-ing

Q 지금 일하고 있어요?   ◐ Are you **working now?**

◉ Yes, I am.

✕ No, I'm not.

Q 그때 일하고 있었어요?   ◐ Were you **working then?**

◉ Yes, I was.

✕ No, I wasn't.

Q 그가 빨래를 하고 있나요?   ◐ Is he **doing the laundry?**

◉ Yes, he is.

✕ No, he isn't.

Q 그들이 공부하고 있었나요? **◯** Were they **studying?**

◉ Yes, they were.

✖ No, they weren't.

진행시제도 구체적인 질문을 할 때에는 의문사로 시작합니다.

의문사 + be동사 + 주어 + 동사원형-ing ~?

지금 뭐해요? **◯** What **are you doing now?**

지금 누구랑 얘기하고 있어요? **◯** Who **are you talking to now?**

나는 그때 뭘 하고 있었지? **◯** What **was I doing then?**

어젯밤에 뭐 하고 있었어요? **◯** What **were you doing last night?**

의문사 + be동사 + 동사원형-ing ~? *의문사가 주어일 때

누가 일정을 짜고 있죠? **◯** Who **is making the schedule?**

미래의 의미

진행시제는 앞으로 예정된 일을 뜻하기도 합니다. 가까운 시일의 미래를 의미하는 표현과 함께 말하거나, 대화의 맥락상 앞으로의 계획을 이야기할 때 쓰며, '(앞으로) ~할 것이다'를 의미합니다.

진행

Q 지금 뭐해요?　　　　➡ What are you doing now?

A 저녁 먹고 있어요.　　➡ I'm having dinner.

미래

Q 오늘 저녁에 뭐 해요?　➡ What are you doing tonight?

A 집으로 가요.　　　　　➡ I'm going home.

진행시제와 **will**, **be going to**를 비교해 보면, 다음에 나오는 문장들은 우리말로는 '나는 서울에 갈 것이다'라는 말이지만, 속뜻은 약간 다릅니다. 시간표, 일정 등 조만간 확실히 일어날 일은 진행시제가 자연스럽습니다.

I **will go** to Seoul. 나 서울에 갈 거야.
미래의 일을 단순히 전달할 때, 또는 화자의 의지를 드러낼 때

I'm going to go to Seoul. 나 서울에 갈 예정이야.
예정된 일이라는 의미를 전달할 때

I'm going to Seoul. 나 서울에 가.
예정된 일의 확실성을 전달할 때

 이 열차는 오전 11시에 출발합니다.

　○ **This train** is leaving **at 11 AM.**

언니가 다음 달에 아기를 낳아요.

　○ **My sister** is having **a baby next month.**

말하기 연습 ○ 254쪽

09

I have just arrived.

#현재완료

🔊 MP3 09

지금 어디세요?

Where are you now?

이제 막 도착했어요.

I have just arrived.

막 완료한 일

이제 막 완료한 일에 대해서도 말할 수 있습니다. **have**＋과거분사의 모습으로, **have**는 **'ve**ㅂ로 줄여서 말하기도 합니다. 과거분사란 동사의 과거형 '~이었다'와는 다른 것으로, 수동의 의미와 완료의 의미를 담고 있는 동사의 한 형태입니다. 과거분사는 과거형처럼 동사원형＋**-ed**의 모습입니다.

have/has + 동사원형 -ed

'이제 막 도착했다(I have just arrived.)'는 말은 도착을 막 완료한 현재의 상황을 전달하는 것입니다. 과거에 시작된 상태나 동작이 계속되어, 결과적으로 현재의 상황에 이른 것입니다.

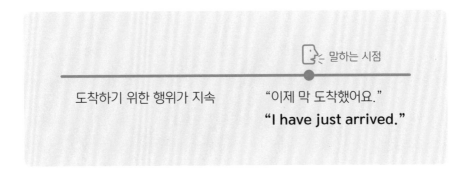

'어제 도착했다.'는 과거시제로 말해야 합니다. 현재가 아닌 어제의 일에 대해 말하는 것이기 때문입니다. 과거의 일은 과거시제로, 과거부터 현재에 이르러 이제 완료된 일에 대해서는 현재완료시제로 말합니다.

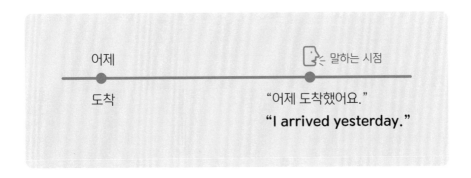

다른 예를 들겠습니다. 우리말로 '열쇠를 잃어버렸다.'고 할 때, 영어로는
아래와 같이 두 가지 시제로 말할 수 있습니다.

I lost my key. 과거   **I have lost my key.** 현재완료

두 문장은 틀리지 않았고, 의미의 차이도 거의 없습니다. 그렇지만 **yesterday**
같은 표현을 써서 열쇠를 잃어버린 시점을 이야기한다면 과거시제로 말해야
합니다. 그런 구체적인 시점을 말하지 않을 때에는 완료시제가 더 자연스러울
수 있습니다.

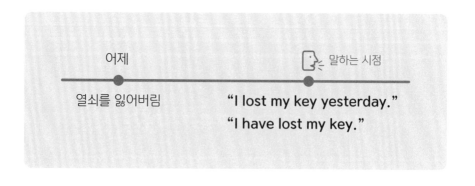

그는 점심시간에 은행에 갔어요. ❍ He went to the bank at
lunchtime.

그는 은행에 간 상태예요. ❍ He has gone to the bank.

저는 어제 집을 나왔어요.　　　　　● I left the house yesterday.

저는 집을 나온 상태예요.　　　　　● I have left the house.

과거분사

과거분사는 동사의 과거형과 마찬가지로 동사 뒤에 **-ed**를 붙이면 됩니다.
불규칙한 모양으로 변하는 동사들은 일정한 규칙을 찾아 묶어서 암기하면
효과적입니다.

be동사의 과거분사
I've been to Spain. 나는 스페인에 가봤다.

원형에서 바뀌지 않는 유형

put 놓다　　　　put　　　　put

read 읽다　　　　read　　　　read *발음은 [red]로 달라지니
유의

become 되다　　　became　　　become

come 오다　　　came　　　come

run 뛰다　　　ran　　　run

과거와 과거분사가 같은 유형

have 가지다	had	had
say 말하다	said	said
make 만들다	made	made
feel 느끼다	felt	felt
leave 떠나다	left	left
lose 잃다	lost	lost
hold 잡다	held	held
find 찾다	found	found
tell 말하다	told	told
think 생각하다	thought	thought
buy 사다	bought	bought

발음이 −n으로 끝나는 유형

do 하다	did	done
go 가다	went	gone

give 주다	gave	given
see 보다	saw	seen
know 알다	knew	known
grow 자라다	grew	grown
get 얻다	got	gotten
take 가져가다	took	taken
speak 말하다	spoke	spoken

모든 잡지를 읽었어요.　　◎ I've read all the magazines.

우리는 경기에서 졌어요.　　◎ We've lost the game.

그녀는 마라톤을 했어요.　　◎ She has run a marathon.

남동생이 점점 좋아졌어요.　　◎ My brother has gotten better.

지금까지 지속된 기간 말하기

현재완료시제는 과거부터 현재까지 얼마 동안 지속되었는지에 대해 말할 때에도 쓰입니다.

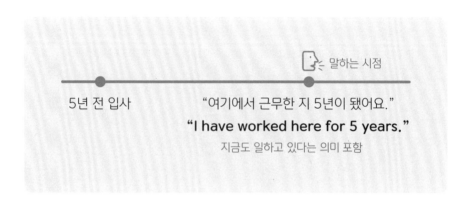

기간을 나타내는 말 앞에는 **for** 또는 **since**를 씁니다. 특정 시점을 나타내는 말에는 **since**이후로, 시간의 길이를 나타내는 말에는 **for**동안가 어울립니다.

5시 이후로 계속 여기에 있었어요.
  ◎ **We have been here** since **5 PM.**

이 집에서 산 지 5년이 됐어요.
  ◎ **I have lived in this house** for **five years.**

그는 작년부터 우리 팀의 리더예요.
  ◎ **He has been our team leader** since **last year.**

그녀는 3년간 제 선생님이었어요.

⊙ She has been my tutor for three years.

지금까지의 경험과 횟수 말하기

지금까지 경험의 유무, 그리고 몇 번의 경험이 있었는지도 현재완료로 나타낼 수 있습니다.

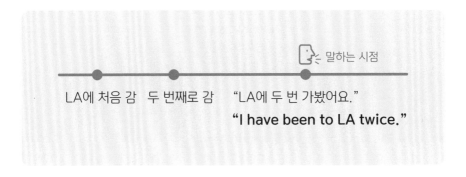

once, twice 등 횟수를 나타내는 표현과 ever, never, before 등 경험의 유무를 나타내는 표현과 어울립니다.

파리에 한 번 가봤어요.

⊙ I have traveled to Paris once.

그 가게는 전에 가본 적이 있어요.

⊙ I have been to the store before.

완료시제의 not

완료시제에서 not은 have와 과거분사 사이에 옵니다. have not은 haven't, has not은 hasn't로 줄여서 말합니다.

have/has + not/never + 과거분사

저는 그녀를 결코 만난 적이 없어요.
○ I have never met her before.

그녀는 일을 끝내지 않았어요.
○ She hasn't finished her errands.

저는 아직 그 영화를 안 봤어요.
○ I haven't seen the movie yet.

우리는 전시회에 안 갔어요.
○ We haven't visited the exhibit.

완료시제의 의문문

완료시제로 '~해 봤나요?, ~했나요?' 등의 질문을 할 때 have는 주어 앞으로 갑니다. 대답도 have로 말합니다. 긍정(○)이면 have, 부정(✗)이면 haven't로 답합니다.

Have/Has + 주어 + 과거분사 ~?

Q 캐나다에 가본 적 있어요?
○ Have you ever been to Canada?

○ 네. **Yes, I have.**　　**✕** 아뇨. **No, I haven't.**

런던에 가본 적이 있나요?　○ Have you **ever been to London?**

모든 이야기를 들었나요?　○ Have you **heard the whole story?**

우리 모든 일을 끝냈나요?　○ Have we **finished everything?**

그녀가 점심을 먹었나요?　○ Has she **eaten her lunch?**

그가 아직 안 돌아왔나요?　○ Hasn't he **come back yet?**

과거시제와 구분해서 말하기

과거시제는 **yesterday, last year**와 같이 과거의 특정한 때를 나타내는 표현과 어울립니다. 완료시제는 의미상 **just**방금, **already**이미, **lately**근래에, **recently**근래에, **yet**아직과 같은 표현과 함께 쓸 때 자연스럽습니다.

그녀는 한 달 전에 여행에서 돌아왔어요.
○ She returned from her trip a month ago.

어젯밤에 우연히 그들을 만났어요.

○ I ran into them last night.

방금 저녁을 다 먹었어요.

○ I have just finished dinner.

근래에 그녀와 얘기했어요.

○ I have recently spoken to her.

그녀는 근래에 온 적이 없어요.

○ She hasn't visited lately.

저는 아직 그 영상을 못 봤어요.

○ I haven't seen the clip yet.

새로 나온 디저트 먹어봤어요?

○ Have you tried the new dessert yet?

GO!

말하기 연습 ○ 256쪽

실시간 재생

10

Would you like something cold?

#형용사

🔊 MP3 10

시원한 것 좀 드릴까요?
Would you like something cold?

네. 정말 감사해요.
Yes, I would really appreciate it.

형용사의 모습

형용사는 사물의 성질이나 상태를 나타내는 말입니다. 주로 명사 앞이나 뒤에서 명사를 꾸며주는(수식하는) 말입니다. 형용사는 명사에 -able, -al, -ful, -ive 등을 붙여서 만들 수도 있습니다.

-ible, -able	edible 먹을 수 있는	doable 할 수 있는
-al	natural 자연의	seasonal 계절적인
-ic	tragic 비극적인	ironic 모순적인
-ive	expensive 비싼	creative 창조적인
-ous	famous 유명한	dangerous 위험한
-less	endless 끝없는	hopeless 가망 없는
-ly	friendly 친절한	lovely 사랑스러운
-y	tasty 맛있는	brainy 똑똑한
-ish	childish 어린애 같은	girlish 여자아이 같은
-ful	helpful 도움이 되는	

대부분의 형용사는 명사 바로 앞에서 명사를 수식합니다. 하지만 something, everything 등 -thing, -body, -one 으로 끝나는 명사를 수식할 때에는 앞이 아니라 뒤에서 수식합니다.

형용사   명사
She takes beautiful pictures. 아름다운 사진

명사　　형용사
I will bring you something cold. 시원한 것

제가 꽃병에 예쁜 꽃을 꽂아 뒀어요.
○ I put the lovely flowers in a vase.

박물관에서 오래된 그림을 봤어요.
○ I saw old paintings in the museum.

또 필요한 게 있나요?
○ Do you need anything else?

그가 맛있는 것을 가져다 줄 거예요.
○ He will bring you something tasty.

형용사는 문장 속 주어와 목적어의 상태를 설명하기도 합니다. 주어의 상태는
'~이다, ~되다, ~아니다' 등의 동사 뒤에서 설명합니다. 목적어의 상태를
설명할 때에는 수식하는 목적어 바로 뒤에 말해줍니다.

[주어]가 [형용사]하다.

영화가 굉장해요.　　　○ The movie is awesome.
　　　　　　　　　　　　　　an awesome movie

[목적어]가 [형용사]하다.

그 소식에 전 행복해요.   ◑ **The news makes** me happy.

I am happy.

수량 형용사

수와 양이 많고 적음을 나타내는 형용사가 있습니다. 뒤에 오는 명사가 셀 수 있는지 셀 수 없는지에 따라 쓸 형용사를 구분해줘야 합니다. 예를 들어, 영어에서 친구(**friend**)는 하나, 둘, 셀 수 있는 수의 개념이지만, 돈(**money**)은 셀 수 없는 양의 개념입니다.

많은	거의 없는	아예 없는	
many	few	no	+셀 수 있는 명사
much	little	no	+셀 수 없는 명사

우리는 친구가 많아요.   ◑ **We have** many **friends.**

그녀는 돈이 많아요.   ◑ **She has** much **money.**

경찰은 증거가 없어요. ◐ The police have no evidence.

그는 질문이 거의 없어요. ◐ He has few questions.

저는 이 프로젝트에 대한 정보가 거의 없어요.
◐ I have little information on this project.

few와 little이 거의 없다는 부정적인 의미라면, **a few**와 **a little**은 긍정적인 의미로 '(그래도) 조금 있는'을 의미합니다.

그는 이야기할 시간이 조금 있어요.
◐ He has a few minutes to talk.

우리 중 몇몇은 자전거를 타러 갈 거예요.
◐ A few of us will go biking.

우유가 조금 있어요.
◐ We have a little bit of milk.

그녀는 커피에 설탕을 약간 넣어요.
◐ She adds a little sugar to her coffee.

many, much와 같은 의미로 **a lot of**, **lots of**도 자주 말합니다. 이 표현은 뒤에 오는 명사가 셀 수 있는 명사이든 셀 수 없는 명사이든 구분 없이 쓸 수 있습니다.

우린 꽤 재미있게 놀았어요. ❍ We had a lot of fun.

그들은 모니터가 많아요. ❍ They have a lot of monitors.

쇼핑할 게 많아요. ❍ I have lots of shopping to do.

화랑에 사람들이 많이 왔어요. ❍ Lots of people visited the gallery.

some과 any

'조금의, 약간의, 몇몇의'의 의미를 가진 표현으로 some과 any가 있습니다. 둘은 뉘앙스가 약간 다른데, 가장 큰 특징은 some은 긍정적인 의미와 어울리는 반면, any는 부정적인 의미와 어울린다는 것입니다.

---

some 주로 긍정문, 긍정적인 답변을 기대하는 의문문이나 권유문

any 주로 부정문, 일반적 의문문

Q 좀 드실래요? ❍ Would you like some?

A 괜찮아요. 전 됐어요. ❍ No, thank you. I don't want any.

아이디어가 몇 개 있어요. ◐ I have some idea.

우리는 시간이 없었어요. ◐ We didn't have any time.

뭘 좀 먹을래요? ◐ Would you like some food?

돈 있어요? ◐ Do you have any money?

참고: '~한 사람들' the + 형용사

부유한 사람들은 가난한 사람들을 도울 수 있다.
◐ **The rich can help the poor.**
rich people   poor people

말하기 연습 ◐ 258쪽

11

I usually eat breakfast.

#부사 🔊 MP3 11

오늘 아침 먹었어요?
Did you have breakfast this morning?

보통 저는 아침을 먹는걸요.
I usually eat breakfast.

부사의 모습

부사는 동사와 형용사, 또 다른 부사를 꾸며줍니다. 부사는 문장에서 없어도 문법상 그다지 문제가 되지 않지만, 부사로 인해 표현은 풍부해지고 말은 더 구체적이 됩니다. 형용사에 -ly가 붙은 모습이 많습니다.

possible	○ possibly	가능하게
natural	○ naturally	자연스럽게
beautiful	○ beautifully	아름답게
creative	○ creatively	창조적으로
exact	○ exactly	정확하게

*명사에 -ly가 붙은 형용사: friendly(친절한), lovely(사랑스러운)

부사의 위치

부사는 수식하는 말이 다양하기 때문에 다른 품사들에 비해 위치가 비교적 자유롭습니다. 문장의 맨 앞이나 맨 뒤에 오기도 합니다. 하지만 이렇게 위치가 자유로운 부사도 때로 듣기에 어색한 위치도 있습니다.

솔직히, 이 아이디어는 마음에 안 들어요.

○ Honestly, I don't like this idea. (O)
I don't like this idea, honestly. (O)
I honestly don't like this idea. (O)

I don't honestly like this idea. (X)
I don't like honestly this idea. (X)

부사가 동사와 형용사, 또 다른 부사를 수식할 때에는 수식하는 단어 바로
앞이나 뒤에 위치합니다.

그들은 정말로 그를 좋아하지 않아요.
 ● They really don't like him.

왜 그런지 정확히 모르겠어요.
 ● I don't know exactly why.

영어를 정말 잘하시네요.
 ● You are really good at English.

제 반려견인 시도는 진짜 빨리 먹어요.
 ● My dog Sido eats very quickly.

빈도를 나타내는 부사

일이 얼마나 자주 일어나는지를 나타내는 부사들이 있습니다. 이 부사들은
위치가 자유롭지 않고, 수식하는 동사에 따라 위치가 달라집니다.

부사＋일반동사
be동사＋부사
조동사＋부사＋be동사/일반동사

항상 **always**　　　　보통 **usually**

자주 **often**　　　　때때로 **sometimes**

거의 ~하지 않는 **rarely**　　결코 ~않는 **never**

그녀는 종종 음식을 나눠줘요.
> ◯ **She** often **shares her food.** 일반동사 앞

저는 보통 봄에 굉장히 바빠요.
> ◯ **I am** usually **very busy in spring.** be동사 뒤

저는 언제나 당신에게 정직할 거예요.
> ◯ **I will** always **be honest with you.** 조동사와 be동사 사이

당신을 결코 잊지 않을 거예요.
> ◯ **I will** never **forget you.** 조동사와 일반동사 사이

이러한 부사들도 주어 앞, 문장의 맨 처음에 말할 수 있습니다.

때때로 제 고양이가 그리워요. ◐ Sometimes I miss my cat.

⊖ I sometimes miss my cat.

형용사이자 부사인 단어

한 단어가 형용사이면서 부사인 단어들이 있습니다. 의미가 서로 유사하기 때문에 어렵지 않게 구분할 수 있습니다.

early 이른; 일찍   fast 빠른; 빠르게

late 늦은; 늦게   high 높은; 높게

near 가까운; 가까이에   hard 열심히 하는; 열심히

오늘 일찍 일어났어요. ◐ I got up **early** this morning.
동사 got up을 수식하는 부사 early

이른 아침식사를 했어요. ◐ I had an **early** breakfast.
명사 breakfast 수식하는 형용사 early

제 친구는 달리기가 빨라요. ◐ My friend is a fast runner.

그는 빨리 일해요. ◐ He works fast.

그녀는 회사에 지각했어요. ◐ She is late for work.

그녀는 늦게까지 일해요. ◐ She works late.

저는 근면한 사람이에요. ◐ I'm a hard worker.

요즘 열심히 일하고 있어요. ◐ I'm working hard these days.

fastly, earlily라는 단어는 없지만, lately, hardly, highly, nearly라는 단어는
부사로서 존재합니다. 약간 다른 뜻이니 별도의 단어로 암기해야 합니다.

최근에 **lately**   매우 **highly**

거의 **nearly**   거의 ~ 않은 **hardly**

그는 거의 끝났어요.
  ◑ He is nearly done.

우리는 이제 거의 만나지 않아요.
  ◑ We hardly ever meet anymore.

근래에 그녀와 이야기하지 않았어요.
  ◑ I haven't spoken to her lately.

요리사가 그 메뉴를 적극적으로 추천했어요.
  ◑ The cook highly recommended the dish.

말하기 연습 ◑ 260쪽

12

It is faster.

#비교급   #최상급

◀)) MP3 12

새것이 예전 것보다 더 작네요.
This new one is smaller than the old one.

네, 그리고 더 빨라요.
Yes, and it is faster.

'더욱 ~한', '가장 ~한'

형용사나 부사 뒤에 **-er**을 붙이면 '더욱 ~한, 더욱 ~하게'라는 뜻이 됩니다.

이것이 더 작아요.   ○ **This is <u>smaller</u>.**

117

그녀가 더 빨리 달려요.   ○ She runs <u>faster</u>.

형용사나 부사 뒤에 -est를 붙이면 '가장 ~한, 가장 ~하게'라는 뜻이 됩니다. '가장 ~하다'는 것은 비교하는 대상이 적어도 셋 이상일 때입니다. 그래서 이런 표현 뒤에는 '~ 중에서'를 뜻하는 전치사 in, of, among 등이 옵니다.

그녀는 세계에서 가장 빠른 스케이터예요.
   ○ She is the fastest skater in the world.

셋 중에서 이게 가장 빨리 작동해요.
   ○ This works fastest among the three.

-er, -est가 붙으면 철자에 따라 모습이 조금 달라집니다. 특히, 3음절 이상의 긴 단어는 -er, -est를 붙이지 않고 단어 앞에 more, most를 넣습니다.

light ○ light<u>er</u>, light<u>est</u>   일반적으로+-er / -est

busy ○ bus<u>ier</u>, bus<u>iest</u>   자음+y로 끝나는 단어,
                          y를 i로 바꾸고+-er / -est

big ○ big<u>ger</u>, big<u>gest</u>   모음+자음으로 끝나는 단어,
                          자음 한 번 더 쓰고+-er / -est

difficult ○ more difficult, most difficult
3음절 이상의 단어, 변형 없이 앞에 more/most

내 키가 너보다 커.　　　　　○ I'm taller than you.

당신 요즘 더 바쁘네요.　　　○ You are busier these days.

서울이 한국에서 가장 큰 도시예요.
　○ Seoul is the biggest city in Korea.

시중에서 이 노트북이 가장 가벼워요.
　○ This laptop is the lightest one on the market.

3음절 이상인 형용사와 부사 앞에 **more**를 써서 **more difficult**라고 말하듯,
'덜'을 뜻하는 **less**를 써서 말할 수도 있습니다.

더 **more**　　　　덜 **less**

최고로 **most**　　　최소로 **least**

이번이 전보다 더 어렵네요. ○ This is more difficult than before.

생각보다 덜 어렵네요.　　○ It is less difficult than I thought.

가장 어려운 일이에요.   ◐ That's the most difficult task.

이건 가장 쉬워요.   ◐ This is the least difficult of all.

-est가 붙은 형용사 앞에는 보통 **the**를 붙입니다. 특정한 것들 중에서 가장 형용사한 바로 '그것'이라는 뉘앙스 때문입니다.

> 그녀는 회사 내에서 최고의 직원이에요.
> ◐ She is <u>the best</u> worker at my company.

일상생활에서 우리가 자주 쓰는 말인 **good, bad** 등은 -er, -est의 규칙에서 벗어납니다.

good	better 더 좋은	best 최고의
well	better 더 잘	best 가장 잘
bad	worse 더 나쁜	worst 최악의
many, much	more 더 많이	most 가장 많이
little	less 더 적은	least 가장 적은

당신이 나보다 더 나아요. ⚪ You are better than me.

그가 나보다 더 많이 가졌어요. ⚪ He has more than me.

우리가 최고야! ⚪ We are the best!

그 영화는 최악이었어요. ⚪ That movie was the worst.

much를 -er 앞에서 쓰면 '많은'이라는 뜻이 아닌, '훨씬'이라는 뜻이 됩니다.

당신이 나보다 훨씬 더 나아요.
⚪ You are much better than me.

그가 나보다 훨씬 더 많이 가졌어요.
⚪ He has much more than me.

참고: '늦은' late의 변신

late	시간상	이후의 later	최신의 latest
	순서상	후자의 latter	마지막의 last

그녀는 최신 패션 트렌드를 잘 알아요.
⚪ She knows the latest fashion trends.

마지막 열차는 자정이에요.
⚪ The last train is at midnight.

than

비교되는 대상을 밝힐 때에는 -er 뒤에 '~보다'를 뜻하는 전치사 than을
붙입니다.

You are higher than me. 당신이 나보다 높아요.

이 새것이 예전 것보다 작아요.
○ This new one is smaller than the old one.

이게 저것보다 더 빨리 작동해요.
○ This works faster than that.

than이 아닌 to와 어울리는 형용사들이 있는데, -or로 끝나는 단어들입니다.

~보다 손위의 **senior to**　　~보다 손아래의 **junior to**

~보다 열등한 **inferior to**　　~보다 우수한 **superior to**

새 차가 예전 차보다 월등해요.
○ The new car is superior to my old car.

이 휴대폰 브랜드는 다른 브랜드보다 안 좋네요.
> ○ This mobile brand is inferior to the other brand.

참고로, '~를 좋아하다'라는 의미의 동사 **prefer**는 to와 함께 써서 더 좋아하는 것을 표현할 수 있습니다.

B보다 A를 더 좋아하다 ○ prefer A to B

저는 시보다 소설을 좋아해요.
> ○ I prefer novels to poems.

저는 일식보다 한식을 더 좋아해요.
> ○ I prefer Korean food to Japanese food.

우리는 영화보다 책을 좋아해요.
> ○ We prefer books to movies.

남편은 랩음악보다 팝음악을 좋아해요.
> ○ My husband prefers pop music to rap music.

ASAP!

일상에서 상대를 독촉하는 말로 **as soon as possible**(ASAP, 가능한 한 빨리)이라는 말이 자주 쓰입니다. **as** ~ **as** 표현들은 문법적으로 이해하려 노력하지 말고 자주 쓰는 표현들을 한 덩어리로 암기하세요.

가능한 한	○ as much as possible
가능한 한 빨리	○ as soon as possible
[당신이] 할 수 있는 한 빨리	○ as fast as [you] can
[제가] 할 수 있는 한 빨리	○ as quickly as [I] can
~보다 [2]배 더 [많은]	○ [twice] as [much] as ~
~하는 한은	○ as long as + 절
~만큼 [큰]	○ as [big] as + 명사
눈처럼 하얀	○ as white as snow
누워서 떡 먹기인	○ as easy as pie

가능한 한 빨리 전화 주세요.
　○ **Please call me** as soon as possible.

할 수 있는 한 빨리 여기로 와요.
　◎ **Get here** as fast as you can.

이 모니터가 예전 것보다 두 배 더 넓어요.
　◎ **The monitor is** twice as wide as **the old one.**

할 수 있는 한 기다릴 거예요.
　◎ **I will wait** as long as I can.

신부의 드레스가 눈처럼 하얬어요.
　◎ **The bride's dress was** as white as snow.

형용사에 **-er**을 써서 상태가 점점 변하는 모습을 말할 수 있습니다.

점점 더 ~하다　　　◎ **get** 비교급 **and** 비교급

~할수록, 더 ···하다　◎ **the** 비교급 + (주어 + 동사),
　　　　　　　　　　　the 비교급 + (주어 + 동사)

매일 식물의 키가 점점 더 자라요.
　◎ **The plant** gets taller and taller **every day.**

더 많이 줄수록 더 많이 받아요.
　◎ **The more** you give, the more **you receive.**

감탄문

자기의 느낌을 '~하구나!'하고 독백처럼 표현하는 문장을 감탄문이라고
합니다.

How＋형용사/부사(＋주어＋동사)!

What＋a(n)＋형용사＋명사(＋주어＋동사)!

 아름답다! ● How beautiful!

사람이 정말 멋지네요! ● What a beautiful person!

그녀는 정말 사랑스러워요! ● How lovely she is!

그녀는 정말 수영을 잘하네요! ● How well she swims!

날씨가 정말 좋네요! ● What a lovely day it is!

말하기 연습 ● 262쪽

실시간 재생

13

I can pick you up.

#구동사

🔊 MP3 13

저 버스를 놓쳤어요.
I missed the bus.

제가 당신을 태우러 갈 수 있어요.
I can pick you up.

구동사

때로 하려는 말을 제대로 표현하기에 동사 하나로 부족할 때가 있습니다.
이때 **in, out, up, down** 같은 단어들을 이용해 동사가 가진 의미를 보완해
말할 수 있습니다.

청소하다	◐ clean
깨끗이 치우다	◐ clean <u>up</u>
불에 타다	◐ burn
불에 타서 전소되다	◐ burn <u>down</u>

up은 동사 **clean**의 의미를 보완하여 '깨끗이' 청소하는 동작을 강조합니다. **down**은 burn의 의미를 보완하여 '남김없이 다' 타버린 모습을 연상시킵니다. 이런 단어들을 적절히 쓰면 더 정확하고 풍부한 표현을 할 수 있습니다.

turn 돌다, 돌리다　**+on** (전기제품을) 켜다

　　　　　　　　　　+off (전기제품을) 끄다

　　　　　　　　　　+in 제출하다

　　　　　　　　　　+out 드러내다

　　　　　　　　　　+up 나타나다

　　　　　　　　　　+down (소리·온도를) 낮추다; 거절하다

　　　　　　　　　　+around 방향을 바꾸다

　　　　　　　　　　+over 뒤집다

그가 불을 껐어요. ● He turned off the lights.

그들은 늦게 나타났어요. ● They turned up late.

음악 소리 좀 줄여주세요. ● Please turn down the music.

그녀는 차를 돌렸어요. ● She turned around the car.

get & take

(자동차에) 타다 **get in**　　(자동차에서) 내리다 **get out**

(기차 등을) 타다 **get on**　　(기차 등에서) 내리다 **get off**

받아들이다 **take in**　　(옷을) 벗다; 이륙하다 **take off**

차에 탑시다. ● Let's get in the car.

저는 지금 내려야 해요. ● I must get off right now.

실내에서는 코트를 벗으세요.
　● Take off your coat when indoors.

비행기는 5분 후에 출발할 거예요.
　● The plane will take off in five minutes.

try & put

입어보다 **try on**   시험해 보다 **try out**

치우다 **put away**   미루다 **put off**

(옷을) 입다 **put on**   (불을) 끄다 **put out**

새 드레스를 입어보았어요.   ○ I tried on the new dress.

제가 그의 가방을 치웠어요.   ○ I put away his bag.

병원에 가는 걸 미뤘어요.   ○ I put off seeing a doctor.

코트 입으세요. 추워요.   ○ Put on your coat. It's cold.

eat & go & look

외식하다 **eat out**   먹어 치우다 **eat up**

선택하다 **go for**   막힘없이 진행하다 **go ahead**

조사하다 **look into**　　　찾아보다 **look up**

우리는 일주일에 한 번 외식을 해요.
　◯ We eat out **once a week.**

저는 피자 (먹는 거) 괜찮아요.
　◯ I could go for **pizza.**

새 책에 대해 조사를 좀 해봤어요.
　◯ I looked into **the new book.**

사전에서 그 단어들을 찾아봤어요.
　◯ I looked up **the words in the dictionary.**

up

일어나다 **get up**　　　깨우다 **wake up**

키우다 **bring up**　　　준비운동을 하다 **warm up**

(일이) 생기다 **come up**　　　나타나다 **show up**

다 써버리다 **use up**　　　다 마셔버리다 **drink up**

뒤죽박죽되다 **mix up**	갈기갈기 찢다 **tear up**
바삭 마르다 **dry up**	날려버리다 **blow up**
지어내다 **make up**	포기하다 **give up**

저는 아침에 일찍 일어나요.   ○ I **get up** early in the morning.

그들은 아이 셋을 키웠어요.   ○ They **brought up** 3 children.

좋은 아이디어가 생각났어요.   ○ A good idea **came up**.

샴푸를 다 썼어요.   ○ We **used up** all the shampoo.

꼬마가 이야기를 지어냈어요.   ○ The little boy **made up** a story.

너무 쉽게 포기하지 마세요.   ○ Don't **give up** too easily.

down

앉다 **sit down**	진정하다 **calm down**
실망시키다 **let down**	(속도를) 늦추다 **slow down**
적어두다 **take down**	(병)에 걸리다 **come down with**

우리는 첫 줄에 앉았어요.
  ⊙ We sat down in the front row.

친구 때문에 실망했어요.
  ⊙ My friend let me down.

우리는 회의할 때 메모를 해요.
  ⊙ We take down notes during the meeting.

많은 사람들이 독감에 걸렸어요.
  ⊙ Many people came down with the flu.

out & away

운동하다 work out	데이트를 신청하다 ask out
완전히 닳다 wear out	해결하다 figure out
나누어주다 give away	버리다 throw away

저는 매일 운동해요.　　　　⊙ I work out every day.

제시카에게 데이트를 신청했어요.　⊙ I asked out Jessica.

우리가 그 미스터리를 해결했어요. ○ We figured out the mystery.

오래된 옷가지를 버렸어요. ○ We threw away our old clothes.

on & off

기다리다 **hold on**	계속하다 **keep on**
잘라내다 **cut off**	취소하다 **call off**
(알람이) 울리다 **go off**	(향기·열을) 내뿜다 **give off**

저는 같은 꿈을 계속 꿔요.
○ I keep on having the same dream.

통화 중에 전화가 끊겼어요.
○ We got cut off during our call.

그들이 회의를 취소했어요.
○ They called off the meeting.

오래된 치즈에서 이상한 냄새가 났어요.
○ The old cheese gave off a bad smell.

after & across & back

보살피다 **look after**　　(외모·행동이) 닮다 **take after**

우연히 만나다 **run across, come across, run into**

돌려주다 **bring back**　　저지하다 **hold back**

조카가 동생들을 보살펴요.
　○ My nephew looks after his younger siblings.

저는 어머니를 닮았어요.
　○ I take after my mother.

우연히 흥미로운 기사를 봤어요.
　○ I came across an interesting news article.

경찰이 사람들을 제지했어요.
　○ The police held back the crowd.

기타 유용한 표현

다 써버리다 **run out of**   나가다 **get out of**

(병에서) 회복하다 **get over**   (일을) 겪다 **go through**

(총계가) 되다 **come to**   잠깐 들르다 **come by**

우유가 떨어졌어요.
> **We** ran out of **milk.**

여기서 나갑시다.
> **Let's** get out of **here.**

친구는 이제 독감이 나았어요.
> **My friend just** got over **the flu.**

아버지가 어제 집에 들르셨어요.
> **My father** came by **my house yesterday.**

목적어가 대명사일 때

구동사의 목적어가 **me, us, you, her, him, it, them** 등의 대명사일 때에는 동사＋대명사＋부사[전치사]의 순서를 지켜서 말하도록 합니다.

동사 + 대명사 + 부사/전치사

제가 버렸어요.   ◗ I threw it away.

없던 일로 합시다.   ◗ Let's call it off.

너무 오랫동안 미뤘어요.   ◗ I put it off **for too long.**

아침마다 앱이 절 깨워요.   ◗ **The app** wakes me up **every morning.**

GO!

말하기 연습 ◗ 264쪽

실시간 재생

14

I found a book.

#단수 #복수 #관사

◀)) MP3 **14**

여기, 그에 관한 책을 찾았어요.
**Here, I found a book
about him.**

그 책 읽었어요. 책이 좋았어요.
**Oh, I read the book.
It was good.**

단수냐, 복수냐

명사는 사물의 이름입니다. 명사는 의미에 따라서 개수를 셀 수 있는 단어와
셀 수 없는 단어로 나뉩니다. 앞에 **a**가 붙느냐, 뒤에 **-s**가 붙느냐, 아무것도
붙지 않느냐에 따라서 명사의 의미가 달라질 수 있기 때문에, 단수와 복수가
중요합니다.

책 (한 권)　　　　　● a book

(다수의) 책　　　　　● books

대부분의 명사는 셀 수 있는 명사입니다. 책처럼 셀 수 있는 명사가 한 개라면 앞에 a 또는 an을 말해줘야 합니다. 명사의 발음이 자음으로 시작한다면 a, 모음으로 시작한다면 an이 붙습니다. 명사 앞에 red, orange 같은 형용사가 있다면 형용사의 첫 발음을 따릅니다.

a+자음　　　　a bottle　　　a red apple

an+모음　　　an apple　　　an orange bottle

복수라면 명사 뒤에 -s를 붙이는데, 명사의 철자에 따라 -ies, -ves의 모습으로도 변합니다. *이 책의 26쪽 참고 그 외에 단수와 복수의 모습이 같은 명사, 모음이 -e-로 바뀌는 명사 등이 있습니다.

deer ● deer　　　sheep ● sheep　　　fish ● fish

tooth ○ teeth   woman ○ women   man ○ men

foot ○ feet   person ○ people   child ○ children

제 물고기는 파란색이에요.
○ My fish is **blue.**

어항에서 물고기 열 마리가 헤엄을 치고 있어요.
○ Ten fish swim **in the fish tank.**

사물이 여러 개라면 당연히 명사를 복수 형태로 써야 합니다. 주로 짝을
이루는 것, 특히 우리 몸에 걸치는 것들이 복수로 쓰입니다.

바지 **pants**   장갑 **gloves**

신발 **shoes**   안경 **glasses**

장갑이 더는 안 맞아요.   ○ My gloves **don't fit anymore.**

그녀의 안경이 새것이네요.   ○ Her glasses **are new.**

비슷한 것들의 집합

가족, 모임 등 같은 부류의 사람들이 모여 전체를 나타내는 명사가 있습니다.
구성원 개개인을 보면 복수지만 하나로 묶을 수 있기 때문에, 이러한
명사들은 주로 단수로 취급합니다.

가족 family	팀 team	학급 class
단체 party	무리 group	직원 staff

우리 가족들은 서울에서 살고 있어요.
○ My family is **living in Seoul.**

그녀의 일행이 호텔 로비에서 기다리고 있어요.
○ Her party is **waiting in the hotel lobby.**

셀 수 없는 것

물, 음식과 같이 일정한 모양을 갖추지 않은 것, 사람 이름 같이 다른 것들과
구별되는 고유의 이름, 사랑과 평화 같은 추상적인 개념을 나타내는 명사들은
셀 수 없다고 정하고, 항상 단수로 말합니다.

water 물, bread 빵, paper 종이, gold 금
액체나 음식 등 상황에 따라 다양한 모양으로 변하는 것들을 지칭하는 명사

Hannah 한나, Seoul 서울, Korea 대한민국, July 7월
사람 이름, 지명, 달 등 세상에서 고유한 것을 지칭하는 명사

love 사랑, life 삶, news 소식, time 시간, information 정보
추상적인 개념을 지칭하는 명사

money 돈, fruit 과일, furniture 가구, clothing 옷
사물을 묶어 범주를 지칭하는 명사

한나는 제 가장 친한 친구예요. ● Hannah is my best friend.

사랑은 아름다운 거예요. ● Love is a beautiful thing.

좋은 소식에 오늘 기쁘네요. ● The good news makes my day.

즐거울 때 시간은 빨리 가요. ● Time flies when you're having fun.

돈은 사람을 기쁘게 하죠. ● Money makes people happy.

새 가구는 철로 만들어졌어요. ● Our new furniture is made of steel.

커피 한 잔

셀 수 없는 액체도 '커피 한 잔'과 같이 개수를 말해야 할 때가 있습니다.
액체는 그것을 담는 용기(**container**)를 단위로 말합니다. 두 개 이상일
때에는 이 단위에 -**s**를 붙여 말합니다.

<u>커피</u> 한 잔   ○ a cup of coffee
    두 잔   two cups of coffee

<u>물</u> 한 잔   ○ a glass of water
    두 잔   two glasses of water

<u>콜라</u> 한 병   ○ a bottle of coke
    두 병   two bottles of coke

<u>빵</u> 한 덩이   ○ a loaf of bread
    두 덩이   two loaves of bread

<u>케이크</u> 한 조각   ○ a piece of cake
    두 조각   two pieces of cake

<u>조언</u> 하나   ○ a piece of advice
    두 개   two pieces of advice

저는 매일 커피 세 잔씩 마셔요.
    ○ I drink three cups of coffee every day.

오늘 아침에 빵 한 덩이를 새로 구웠어요.

     ◐ I baked a new loaf of bread this morning.

그가 초콜릿 케이크 두 조각을 줬어요.

     ◐ He gave me two pieces of chocolate cake.

제 친구가 충고를 하나 해줬어요.

     ◐ My friend gave me a piece of advice.

'그'

우리말로 '그'라고 해석할 수 있는 the는, 사실 '그'로 해석하면 부자연스러운 경우가 많습니다. the는 앞에서 언급한 명사를 다시 언급할 때, 또는 가리키는 대상을 분명히 알 수 있는 맥락에서 씁니다. 아래 문장에서 windows 앞의 the가 자연스러운 것은 말하는 사람이나 듣는 사람이나 the windows가 무엇을 말하는지 분명히 알기 때문입니다. 우리말로 '그 창문을 여세요.'라고 해석하면 되레 부자연스럽습니다.

Open the windows. 창문을 여세요.

the는 셀 수 있는 것과 셀 수 없는 것, 단수와 복수를 구분하지 않습니다. 모음으로 시작하는 명사 앞에서 the는 '디'로 발음합니다.

소금 좀 주세요.　　　　　　　**○ Pass** the salt**, please.**

공중에 풍선들이 떠 있어요.　　**○ There are balloons in** the air**.**

앞에서 언급하지 않은 것이라 하더라도 몇몇 특정 명사 앞에는 항상 **the**를 붙여 말합니다.

the first 첫 번째, **the second** 두 번째, ... 서수 앞

the best 최고, **the worst** 최악, ... 형용사-est 앞

the piano 피아노, **the guitar** 기타, ... 악기 명사 앞

the United States 미국, **the Koreas** 남북한, **the Alps** 알프스산, ... 복수형 고유명사 앞

the world 세계, **the earth** 지구, **the sun** 태양, **the only** 유일한 것, ... 인간 세상에 하나뿐인 것 앞

the same 똑같은, **the radio** 라디오, **by the way** 그런데, **on the way** ~하는 도중에, ... 관용표현

그가 줄의 맨 앞에 있어요.　　　**○ He is** the first **in line.**

저는 피아노를 연주하고 싶어요.　**○ I want to play** the piano**.**

스키를 타러 알프스로 갔어요.　◐ I went to ski in the Alps.

오늘 밤은 보름달이네요.　◐ The moon is full tonight.

저만 그런 거 아니에요.　◐ I'm not the only one.

집에 가는 길에 가게에 들렀어요.　◐ We stopped at the store on the way home.

a도 the도 붙지 않는 말들

love 사랑, peace 평화, faith 믿음, ... 추상적인 것

Korean 한국어, math 수학, science 과학, ... 언어, 과목 이름

soccer 축구, baseball 야구, tennis 테니스, ... 스포츠

on foot 걸어서, by car 차를 타고, ... 이동수단을 밝힐 때

우리는 평화롭게 살 수 있어요.　◐ We can live in peace.

전 매주 일요일에 테니스를 쳐요.　◐ I play tennis every Sunday.

걸어서 그곳에 갔어요.　◐ I went there on foot.

summer여름, night밤, midnight한밤중, sunrise해 뜰 녘, ... 계절, 하루의 한때

breakfast아침, lunch점심, dinner저녁 식사

hand in hand손을 잡고, face to face얼굴을 맞대고, side by side나란히, step by step한 걸음씩, ... 같은 단어가 연이은 표현

한여름에는 냉면을 즐겨 먹어요.
　● We enjoy cold noodles in the middle of summer.

우리는 자정에 자서 해 뜰 때 일어났어요.
　● We went to bed at midnight, and got up at sunrise.

해가 지면 저녁을 먹어요.
　● We have dinner after sunset.

우리 강아지들이 나란히 앉아 있어요.
　● My dogs are sitting side by side.

우리는 손을 잡고 걸었어요.
　● We walked down the path hand in hand.

이러한 단어들 앞에 a와 the가 반드시 안 붙는 것은 아닙니다. 다음 페이지의 문장에서 peace는 본래 추상적인 것을 뜻하는 명사이지만, 뒤에 of the evening으로 한정되어 특정한 '그날 저녁의 평화'가 되기 때문에 the를 붙여

the peace라고 말하는 것입니다.

우리는 그날 저녁의 평화를 즐겼어요.
○ We enjoyed the peace of the evening.

일상적인 점심식사를 먹는다면 **have lunch**라고 합니다. 아래 대화에서 대답하는 사람이 일상적인 아침을 먹었다면 **had breakfast**, 하지만 특히 많이 먹었다는 의미로 **had a big breakfast**라고 말합니다. 여느 때와 다른 식사 이름 앞에는 **a**를 붙여서 말합니다.

Q 점심 먹을 거예요?
○ Are you going to have lunch?

A 아뇨. 아침을 많이 먹었어요. 배가 안 고프네요.
○ No, I had a big breakfast this morning. I'm not hungry.

어떤 장소가 물리적인 장소가 아니라, 본래의 기능을 의미할 때에는 **a**와 **the**를 붙이지 않습니다. **school**과 **bed**를 예로 들어볼 수 있습니다.

school 배우고 가르치는 곳으로서 학교 **vs.** 학교라는 장소, 건물

내 딸은 (공부하러) 학교에 갔어요.
○ My daughter went to school.

그녀는 방과 후에 수영하러 갈 거예요.
○ She will go swimming after school.

내 딸은 학교(라는 장소)에 갔어요.
○ My daughter went to the school.

bed 자는 곳으로서 침대 **vs.** 침대라는 가구

늦었어. 아들, 이제 자러 가렴. ○ It's late. Go to bed, son.

침대에 새 담요를 놓았어요. ○ I put a new blanket on the bed.

GO!

말하기 연습 ○ 266쪽

I want to buy A4 paper.

#to부정사 　　　　　　　　　　　　🔊 MP3 15

뭘 도와드릴까요?

What can I do for you?

A4용지를 사고 싶어요.

I want to buy A4 paper.

to 동사원형

우리말로 '사고 싶다'는 '사다'와 '하고 싶다' 2개의 동사가 합쳐진 말입니다.

영어로는 서술어인 **want** 뒤에 **to** 동사원형인 **to buy**가 합쳐진 말입니다.

사다 + 하고 싶다 → 사고 싶다

buy + want → **want to buy**

서술어 뒤에 **to** 동사원형을 써서 다양한 표현을 할 수 있습니다.

그를 가급적 빨리 만나고 싶어요.
> **I want** to meet **him as soon as possible.**

저희 다음 달에 결혼하기로 했어요.
> **We decided** to get **married next month.**

what to do 처럼 의문사와 **to** 동사원형이 만나면 다양한 표현이 가능해집니다.

무엇을 살지	**what to [buy]**
어디에 갈지	**where to [go]**
언제 갈지	**when to [go]**
어떻게 요리할지	**how to [cook]**
어떤 전화기를 살지	**which [phone] to [buy]**

뭘 해야 할지 모르겠어요.   > **I don't know** what to do.

뭘 살지 당신에게 말했잖아요.
> ◑ I told you what to buy.

점심을 먹으러 어디로 갈지 정합시다.
> ◑ Let's decide where to go for lunch.

유튜브에서 라자냐 요리하는 법을 배웠어요.
> ◑ I learned how to cook lasagna on YouTube.

명사 + to 동사원형

to 동사원형은 형용사처럼 명사를 수식할 수 있습니다. '~할'로 해석하고 명사 뒤에 말합니다. 명사를 수식하는 형용사가 있다면 명사의 앞, 또는 명사의 바로 뒤에 말합니다. *이 책의 104쪽 참고

비행기 안에서 읽을 책을 한 권 샀어요.
> ◑ I bought a book to read on the plane.

마실 것이 필요해요.
> ◑ I need something to drink.

시원하게 마실 것이 필요해요.
- ◯ I need <u>something cold to drink</u>.

우리는 같이 할 수 있는 재미있는 일을 찾았어요.
- ◯ We found <u>something fun to do together</u>.

관용처럼 쓰이는 말 중에 '~할 시간이다'라는 의미는 다음과 같이 말합니다.

~할 시간이다	◯ It is time to 동사원형 ~

잠 잘 시간이에요.　　　　◯ It is time to go **to bed.**

약 먹을 시간이에요.　　　◯ It is time to take **medicine.**

형용사 + to 동사원형

우리는 사람을 처음 만났을 때 **Nice to meet you.** 라고 인사합니다. 이렇게 '[to 동사원형]해서 [형용사]하다'로 감정을 표현할 수 있습니다.

Nice to meet you. 만나서 반갑습니다.

(안 좋은 소식에) 유감이에요. ○ **I'm** sorry to hear **that.**

그녀를 도와서 기뻐요. ○ **I am** happy to help **her.**

그들을 보고 놀랐어요. ○ **I was** surprised to see **them.**

쇼핑을 가서 우리는 신이 나요. ○ **We are** excited to go **shopping.**

여기에 부사 **too** 너무, **enough** 충분히를 이용하면 다음과 같은 표현을 할 수 있습니다.

~하기에 너무 [형용사]하다 ○ **too**＋형용사＋**to** 동사원형

~할 만큼 충분히 [형용사]하다 ○ 형용사＋**enough**＋**to** 동사원형

그 선물은 옮기기에 너무 컸어요.
○ **The present was** too big to carry.

노트북이 고치기에는 너무 망가졌어요.
○ **The laptop was** too damaged to fix.

케이크가 나눠 먹기에 충분히 컸어요.
○ **The cake was** big enough to share.

우리를 도와줄 만큼 그들은 충분히 친절했어요.
> **They were** nice enough to help **us.**

'~하기 위해'

목적을 드러낼 때에도 **to** 동사원형을 씁니다. 보통 문장 맨 앞, 맨 뒤에 붙는데,

같은 표현으로 **in order to** 동사원형이 있습니다.

기분이 나아지도록 외출을 했어요.
> To feel **better, I went out.**

퇴근하기 위해 저는 일을 마쳐야 해요.
> To leave **the office, I have to finish my work.**

제시간에 가기 위해 서둘러야 해요.
> **We need to hurry** (in order) **to be on time.**

완벽해지기 위해서는 연습을 해야 해요.
> **We should practice** (in order) **to be perfect.**

말하기 연습 ❯ 268쪽

실시간 재생

16

I enjoy watching dramas.

#동명사

🔊 MP3 16

쉴 때에는 뭐하세요?

What do you do in your free time?

드라마를 즐겨 봐요.

I enjoy watching dramas.

동사원형-ing

동사원형에 **-ing**를 붙여서 명사처럼 '~하는 것'으로 해석할 수 있습니다.

I like watching movies.

나는 좋아한다 + 영화 보는 것을

동사원형-ing은 '~하는 중이다'를 의미하는 진행시제와 모습은 같지만 의미는 다르니 구별해야 합니다.

지금 머리를 감고 있어요.
　○ I'm washing my hair now. 진행시제

방금 머리를 감았어요. (머리 감기를 마쳤어요.)
　○ I've just finished washing my hair. finish의 목적어

동사원형-ing는 서술어 동사 뒤에 명사처럼 온다는 점에서 to 동사원형과 유사하고, 우리말로는 둘 다 '~하는 것'으로 해석할 수 있습니다.

저는 영화 보는 것을 좋아해요.　　○ I like to watch movies.

　　○ I like watching movies.

하지만 서술어 뒤에 동사원형-ing가 오느냐, to 동사원형이 오느냐에 따라 의미가 달라지는 동사들이 몇 개 있습니다. 의미가 달라지는 것이니 구분해서 말해야 합니다.

remember	● 동사원형-ing: ~했던 것을 기억하다
	● to 동사원형: ~할 것을 기억하다

그곳에 전에 갔던 것을 기억해요.
> ● I remember going **there before.**

오늘 그곳에 간다는 사실을 기억해요.
> ● I remember to go **there today.**

forget	● 동사원형-ing: ~했던 것을 잊다
	● to 동사원형: ~할 것을 잊다

그곳에 전에 갔던 것을 잊었어요.
> ● I forgot going **there before.**

오늘 그곳에 간다는 사실을 잊었어요.
> ● I forgot to go **there today.**

stop	● 동사원형-ing: ~하는 것을 멈추다

> ◐ to 동사원형: 멈춰서 ~하다

스트레칭 하는 것을 멈췄어요.
　◐ I stopped stretching **my body.**

스트레칭을 하려고 하던 일을 멈췄어요.
　◐ I stopped to stretch **my body.**

> **try**　　◐ 동사원형-**ing**: ~을 (시험 삼아) 해보다
>
> 　　　　◐ to 동사원형: ~하려고 노력하다

한번 최선을 다해 볼게요.　　◐ I will try doing **my best.**

최선을 다하도록 노력할게요.　　◐ I will try to do **my best.**

구분해서 말하기

주의해야 할 것은, 동사원형-**ing**와 어울리지만 **to** 동사원형과는 안 어울리는 동사들이 있고, 그 반대인 경우도 있다는 것입니다. 이것은 꼭 구분해서 말해야 합니다.

~하는 것을 즐기다	enjoy
~하는 것을 언짢아하다	mind *주로 의문문이나 not과 어울림
~ 하는 것을 단념하다	give up
~하는 것을 피하다	avoid
~하는 것을 끝내다	finish
~하는 것을 제안하다	suggest

＋동사원형-ing

주말에 우리는 등산을 즐겨 해요.
○ We enjoy hiking on the weekends.

저는 정크 푸드 먹는 것 괜찮아요.
○ I don't mind eating junk.

그녀는 시도하는 걸 포기했어요.
○ She gave up trying.

저는 러시아워일 때 운전하는 것은 피해요.
○ I avoid driving during rush hour.

저녁식사 준비를 마무리했어요.
○ I finished preparing dinner.

그들은 지하철로 이동하라고 제안했어요.
○ They suggested traveling by subway.

~하는 것을 원하다	want	
~하고 싶다	would like	
~하는 것을 바라다	hope	+to 동사원형
~하리라고 생각하다	expect	
~이면 좋겠다	wish	

피아노를 배우고 싶어요.
▶ I want to learn **the piano.**

신작 영화를 보고 싶어요.
▶ I would like to see **the new movie.**

저는 곧 집으로 돌아가길 바라요.
▶ I hope to return **home soon.**

곧 좋은 일자리를 구할 거예요.
▶ I expect to find **a good job soon.**

그곳으로 다시 여행을 가고 싶어요.
▶ I wish to travel **there again.**

~하기로 계획하다	plan
~하기로 결정하다	decide
~하는 데 동의하다	agree
~해달라고 부탁하다	ask
~하지 않다	fail

+to 동사원형

이번 주 금요일에 만나기로 했어요.
○ We planned to meet this Friday.

그들을 기다리기로 했어요.
○ We decided to wait for them.

그들은 함께 일하기로 했어요.
○ They agreed to work together.

그들이 제 전화기를 빌려달라고 했어요.
○ They asked to borrow my phone.

그는 제시간에 도착하지 않았어요.
○ He failed to arrive on time.

~하는 게 어때요?	How[What] about ~?
~하고 싶다	feel like
계속 ~하다	keep
~하지 않을 수 없다	cannot help

+동사원형-ing

잠깐 쉬는 게 어때요? → How about taking **a break?**

춤을 추고 싶어요. → I feel like dancing.

계속 웃고 있었어요. → I kept smiling.

감자칩을 또 먹지 않고는 못 배기겠어요.
→ I cannot help eating **another potato chip.**

~하느라 바쁘다	be busy
~할 가치가 있다	be worth
~하는 것에 익숙하다	be used to

+동사원형-ing

그녀는 시험 준비로 바빠요.
→ She is busy preparing **for her test.**

그들은 만날 가치가 있을 거예요.

◎ **It will** be worth meeting **them.**

우리는 밤늦게까지 깨어 있는 데 익숙해요.

◎ **We** are used to staying **up late.**

~하기를 몹시 고대하다	look forward to	
~하는 데 애를 먹다	have difficulty	**＋동사원형-ing**
~하는 데 시간을 보내다	spend time	

주말이 시작되기를 기대하고 있어요.

◎ **We** look forward to beginning **this weekend.**

저는 무서운 영화를 보는 게 힘들어요.

◎ **I** have difficulty watching **scary movies.**

저는 반려동물을 돌보며 시간을 보내요.

◎ **I** spend time caring **for my pets.**

GO!

말하기 연습 ◎ 270쪽

톡!

실시간 재생

(17)

I'm interested in the book.

#수동태　　　　　　　　　　　　　　　　　🔊 MP3 **17**

그 책에 관심이 있어요.
**I'm interested in
the book.**

다음에 빌려줄게요.
**I will lend it to you
later.**

수동태

강조하는 말은 문장의 맨 앞에 오는 경향이 있습니다. 그래서 주어가
중요합니다. 다음 페이지의 두 문장은 같은 상황을 주어를 달리하여 표현한
것입니다. 옳고 그름 없이, '그녀'를 강조하느냐, '전화기'를 강조하느냐 말하는
사람의 마음에 따라 말이 달라지는 것입니다.

그녀가 화장실에서 제 전화기를 찾았어요.
◐ She found my phone in the bathroom.

제 전화기가 화장실에서 발견되었어요.
◐ My phone was found in the bathroom.

첫 번째 문장은 '그녀가' 내 전화기를 찾는 행위를 하기 때문에 주어(She)가 능동적 주체입니다. 두 번째 문장은 '내 전화기가' 발견된 것이기 때문에 주어(My phone)가 수동적이 됩니다. 어떤 것을 주어로 하든 말하는 사람의 마음이지만 수동적인 주어가 올 때에는 동사의 형태도 그에 맞추어야 합니다.

수동적인 주어   be동사 + 과거분사
My phone was found in the bathroom.

시제와 주어의 정보는 be동사에 반영됩니다. 이어지는 과거분사는 변함이 없습니다. not이 들어간다면 not은 be동사와 과거분사 사이에 옵니다.

My phone was **not** found in the bathroom.
제 전화기는 화장실에서는 발견되지 않았어요.

문이 잠겼어요.   ◐ **The door** was locked.

돈이 비밀리에 보내졌어요.   ◐ **The money** was sent **secretly**.

아들이 제 차를 세차해줬어요. ◑ **My car** was washed **by my son.**

아무도 그녀를 보지 않았어요. ◑ **She** was not seen **by anyone.**

의문문은 **be**동사를 주어 앞으로 보내 말합니다. **Who, What** 등의 의문사로 묻는다면 의문사를 가장 먼저 말합니다.

(의문사) + be동사 + 주어 + 과거분사 ~?

그 책에 관심 있으세요? ◑ Are you **interested in the book?**

그 영화가 재미있었어요? ◑ Were you **entertained by the movie?**

뭐에 관심이 있으세요? ◑ What **are you interested in?**

무엇 때문에 당황했어요? ◑ What **were you embarrassed about?**

의문사 + be동사 + 과거분사 ~? *의문사가 주어일 때

뭐가 배달되었죠? ◑ What **was delivered?**

누가 승진했나요?   ○ Who **was promoted?**

수동적인 주어를 써서 말한다면 과거시제, 미래시제, 진행시제, 완료시제 등 필요에 맞게 변형해서 표현할 수 있습니다. **be**동사는 시제에 따라 **being**, **been** 등 다양한 변형이 있지만, 과거분사는 수동적인 주어가 있는 한 변함이 없습니다.

과거: was/were + 과거분사

행사에서 즐겁게 놀았어요. ○ **I was entertained at the event.**

미래: will be + 과거분사

그때쯤에는 끝날 거예요. ○ **We will be done by then.**

진행: be동사 + being + 과거분사

도로가 공사 중이에요. ○ **The road is being fixed.**

완료: have+been+과거분사

그 일자리에 면접을 본 적이 있어요.
- I **have been interviewed** for the position.

'~에 의해서'

수동적인 주어와 어울리는 전치사는 '~에 의해서'를 뜻하는 전치사 **by**입니다.

by 뒤에는 행위의 주체가 오는데, 이 주체는 말을 해도 되고, 안 해도 됩니다.

My phone was found by her in the bathroom.

*전화기는 '그녀에 의해서' 발견된 것

by 외에도 과거분사의 의미에 따라 다양한 전치사를 쓸 수 있습니다.

~에 관심이 있다	be interested in
~에 대해 걱정하다	be worried about
~에 놀라다	be surprised at

전 역사에 관심이 있어요. ● I'm interested in history.

그들은 시험을 걱정해요. ● They're worried about the test.

영화의 결말에 놀랐어요. ● We were surprised at the ending of the movie.

~로 덮여 있다	be covered with
~에 만족하다	be satisfied with
~에 만족하다	be pleased with

책상이 먼지투성이예요. ● My desk is covered with dust.

저는 결과에 만족해요. ● I'm satisfied with the result.

저 스스로에게 만족했어요. ● I was pleased with myself.

~로 만들어지다	be made of
~에 지치다	be tired of

그건 금으로 만들었어요.　⊙ It's made of gold.

같은 일을 하는 데 지쳤어요.　⊙ I'm tired of doing the same thing.

말하기 연습 ⊙ 272쪽

고급진 영어 톡톡톡!
말하기 영문법

18_ **I come** to work at 9 AM.　　　_문장형식

19_ **Call** me Mark.　　　_5형식

20_ The man **standing** in front is my friend.　　　_분사

21_ He's a man **that** I can trust.　　　_관계대명사

22_ That's **why** I like you.　　　_관계부사

23_ I like **both of** them.　　　_접속사

24_ **If** I were you, I **would** buy it.　　　_가정법

문장이 되려면

우리가 모국어로 말할 때에도 항상 어문규정에 맞는 완전한 문장으로 말하지는 않습니다. 우리말 문법을 공부하지 않아도 의사소통에는 불편이 없습니다. 영어도 문법에 완벽한 문장으로 말하지 않아도 소통에는 큰 지장이 없습니다. 영문법은 의사전달을 위해 알아야 할 바탕으로 보고 가볍게 접근해 볼 필요가 있습니다. 우리말이든 영어든, 문장이 되려면 주어와 동사가 한 개씩은 필요합니다. 주어 한 개와 동사 한 개로도 문장이 됩니다.

저는 일해요.　　　　　　　　　　● I work.

　주어 – 동작을 행하는 주체, '~은(는)', '~이(가)'
　동사 – 주어의 동작이나 상태, '~이다', '~를 하다'

여기에 수식어가 들어갈 수 있습니다. 수식어는 문장에서 꼭 필요한 것은 아니지만, 표현을 풍부하고 명확하게 합니다.

저는 열심히 일해요.　　　　　● I work hard.

　수식어 – 꾸미는 말

어떤 문장은 주어와 동사 외에 보어가 필요합니다. 보어가 없으면 문장이 성립되지 않습니다.

저는 대한민국 사람이에요.   **○ I am a Korean.**

보어 – 주어나 목적어의 의미를 구체화함

보어가 필요한가 아닌가는 동사의 의미에 따라 결정됩니다. 보어가 없다면 '나는 이다'(I am.)로 문장이 성립되지 않기 때문에 보어가 필요합니다. '~이다'를 뜻하는 **be**동사는 모두 보어가 필요한 동사입니다.

저는 행복해요.   **○ I am happy.**
                  ○ I am. (X)

보어가 아닌 목적어가 필요한 동사도 있습니다. 다음 페이지의 문장에서 목적어가 필요한 것은 동사 like의 의미 때문입니다. '나는 좋아한다'에서 뭘 좋아하는지, 좋아하는 대상이 빠질 수 없으니 '너를'을 뜻하는 목적어 **you**가 들어가야 문장이 완성됐고 의미가 전달될 수 있는 것입니다.

저는 당신을 좋아해요.　　　 ● I like you.

목적어 – 동사의 대상, '~을', '~를'

어떤 문장이든 수식어는 자유자재로 들어갈 수 있습니다.

저는 집에서 일해요.　　　　 ● I work at home.

저는 집에서 열심히 일해요.　 ● I work hard at home.

늘 그렇듯 저는 행복해요.　　 ● As always, I am happy.

저는 당신을 더욱더 좋아해요. ● I like you more than ever.

목적어와 보어가 둘 다 필요한 의미도 있습니다. 아래 문장에서 동사 **call**은
'[목적어]를 [보어]라고 부르다'를 의미합니다.

저는 그녀를 제시라고 불러요. ● I call her Jessie.
　　　　　　　　　　　　　　　목적어, 보어

하지만 **call**은 다양한 의미를 갖고 있기 때문에, 의미에 따라서는 목적어 없이도 말할 수 있습니다. 우리가 일상에서 많이 쓰는 동사들이 대부분 이렇게 다양한 의미를 갖고 있습니다. 그러니 문법적으로 맞는가 틀리는가에 너무 신경 쓰지 않아도 괜찮습니다.

제가 회의를 소집했어요.　　　**◉ I called a meeting.**
　　　　　　　　　　　　　　　call (회의를) 소집하다

(통화 중) 누구시죠?　　　　　**◉ Who is calling?**
　　　　　　　　　　　　　　　call 전화를 걸다

목적어는 동사와 밀접하게 연결되어 있습니다. 목적어로 인해서 동사의 의미가 분명해지기 때문입니다. 그래서 목적어를 동사 바로 뒤에 말합니다.

I call Jessie her. (X)　　　**I call her Jessie. (O)**
　　　보어　　　　　　　　　　　　　목적어

목적어 두 개가 필요한 의미도 있습니다. 다음 페이지의 문장에서 동사 **give**는 '[목적어1]에게 [목적어2]를 주다'라는 의미인데, '~에게'는 받는 대상(me), '~를'은 이동하는 대상(a flower)이기 때문에 목적어가 두 개인 것입니다. 이때에는 받는 대상인 '~에게'를 동사 바로 뒤에 말합니다.

그가 나에게 꽃을 주었어요. ➡ **He gave me a flower.**
목적어1, 목적어2

'나에게'는 **to me**라고도 표현할 수 있는데, 그렇다면 말하는 순서가 바뀝니다. 이때에는 이동하는 대상인 '꽃을(a flower)'이 목적어입니다. '나에게(**to me**)'는 더 이상 목적어가 아닌 수식어가 되고, 말하지 않아도 문법상으로나 의미상으로 큰 지장이 없게 됩니다.

He gave me a flower. ➡ **He gave a flower to me.**
목적어   수식어

➡ **He gave a flower (to me).**
목적어

조심할 것은 동사와 목적어 사이에 **to me**를 넣어 말하지 않도록 하는 것입니다. 의미는 통할 수 있지만, 맞는 말은 아닙니다.

He gave <u>to me</u> a <u>flower</u>. (X)

참고로, 명령문도 주어가 없지만 문장이라고 합니다. 명령문은 주어 **You**를 생략한 것이라고 봅니다.

(여러분) 그녀를 제시로 부르세요.   ◐ (You) Call her Jessie.

(당신) 그거 나한테 줘요.   ◐ (You) Give it to me.

실시간 재생

I come to work at 9 AM.

#문장형식

🔊 MP3 18

몇 시에 출근하세요?
When do you come to the office?

아침 9시에 출근해요.
I come to work at 9 AM.

목적어와 보어가 필요 없는 동사

목적어와 보어 없이도, 주어와 동사, 수식어만으로도 충분히 그 의미를 전달할 수 있습니다. 그렇게 말할 수 있는 의미를 가진 동사를 쓰면 됩니다.

주어 동사   수식어
I come to work. 나는 회사에 온다.

동사 come은 '오다'라는 의미로, 목적어나 보어가 필요하지 않습니다. 하지만 come이 '오다'가 아닌 다른 의미라면 이야기가 달라집니다. 아래 문장에서 come은 '(얼마의 거리를) 오다'라는 뜻으로, 거리를 의미하는 명사를 목적어로 말하면 자연스럽습니다.

목적어
I have come 3 kilometers. 나는 3킬로미터를 왔다.

다음 문장에서 동사 come은 '(어떠한 상태로) 되다'라는 뜻으로, 어떤 상태인지를 표현하는 형용사를 보어로 말하면 자연스럽습니다.

보어
The rope came loose. 줄이 느슨해졌다.

이렇게 동사는 한 단어라도 의미에 따라 목적어가 필요할 때가 있고, 보어가 필요할 때가 있고, 둘 다 필요 없을 때도 있습니다. 그러니 문법에 구애 받지 말고, 하려는 말의 의미에 따라 자연스럽게 단어를 넣고 빼면 됩니다.

목적어와 보어가 필요 없는 의미들

살다 **live**   도착하다 **arrive**   떨어지다 **fall**

듣다 **listen**   일어나다 **happen**   효과가 있다 **work**

저는 혼자 살아요.   ○ I live **alone.**

저는 늦게 도착했어요.   ○ I arrived **late.**

어제 눈이 많이 왔어요.   ○ Snow fell **heavily yesterday.**

우리는 귀 기울여 들었어요.   ○ We listened **closely.**

그 일은 갑자기 일어났어요.   ○ It happened **suddenly.**

계획은 잘 진행됐어요.   ○ The plan worked **well.**

부사와 전치사구(전치사 + 명사)는 수식어로서 없어도 괜찮습니다. 하지만 함께 말함으로써 의미를 명확하고 풍부하게 전달할 수 있습니다.

보어가 필요한 동사

'~이다', '~가 되다'라는 동사를 쓴다면 보통 보어가 필요합니다. 보어는 주어나 목적어의 상태를 설명하여 보완합니다. 보어가 필요한 동사는 **be**동사가 대표적입니다. 주어와 동사로 이루어진 **I am.**(나는 이다.)만으로는 문장으로서 의미가 충분하지 않습니다. 그래서 보어가 필요합니다.

보어
I am a Korean.   나는 한국인이에요.

주어가 누구인지(또는 무엇인지)를 말하고 싶을 때에는 앞 문장의 **a Korean**처럼 보어로서 명사가 알맞습니다. 주어가 어떤 상태인지를 말하고 싶을 때에는 보어로서 형용사가 알맞습니다.

보어가 필요한 의미들

~이다, ~인 상태이다	**be, stay, keep, remain**
~되다	**become, get, go, grow, turn**
~처럼 보이다	**look, seem, appear**
감각을 나타내는 동사	**feel, smell, taste, sound**

진정합시다. ○ **Let's stay calm.**

가만히 있어요. ○ **(You) Keep still.**

그녀는 신이 났어요. ○ **She became excited.**

저는 피곤해졌어요. ○ **I grew tired.**

기분이 무척 좋아 보이시네요! ○ **You look so happy!**

음식 냄새가 좋네요. ○ **The food smells great.**

목적어가 필요한 동사

의미상 목적어 '~을, ~를'이 필요한 동사들이 있습니다. 아래 문장에서 buy는 '~를 사다'라는 의미입니다. '무엇을' 사는 것인지, 그 대상이 필요한 의미입니다. 따라서 buy는 목적어를 함께 말해주어야 자연스럽습니다.

목적어

I will buy a book. 전 책 한 권을 살 거예요.

어떤 동사들은 '~에게 …를 주다'라는 뜻으로, 두 개의 목적어가 필요합니다. 아래 문장에서 buy는 '~를 사다'라는 의미에서 확장되어 '[목적어1]에게 [목적어2]를 사주다'라는 의미입니다. 목적어를 두 개 말해야 자연스럽습니다.

목적어1   목적어2

I will buy you a book. 당신에게 책 한 권 사줄게요.

목적어가 두 개 필요한 의미들

~에게 …를 주다 **give**   ~에게 …를 보내주다 **send**

~에게 …를 빌려주다 **lend**   ~에게 …를 만들어주다 **make**

~에게 …를 말해주다 **tell**   ~에게 …를 가져다주다 **bring**

~에게 …를 전달해주다 **pass**   ~에게 …를 보여주다 **show**

그가 제게 종이 한 장을 줬어요.   ◐ He gave me a piece of paper.

내 노트북 빌려줄게요.   ◐ I will lend you my laptop.

그녀가 저녁을 만들어줬어요.   ◐ She made me dinner.

그가 재미있는 얘기를 해줬어요.   ◐ He told me a funny story.

유튜브로 즐거운 시간을 보내요.   ◐ YouTube shows me a good time.

아래 문장을 보세요. 목적어가 두 개일 때에는 동사 바로 뒤에 '받는 대상(me)'이 옵니다. 동사 바로 뒤에는 '이동하는 대상(advice)'이 올 수도 있는데, 이때에는 받는 대상(me)을 전치사구(to me)로 바꾸어야 합니다. 두 문장에 차이가 있다면, me를 앞에 두느냐, advice를 앞에 두느냐 이고, 결국은 같은 뜻이며, 어떻게 말하는지는 말하는 사람의 마음입니다.

그가 제게 조언을 해줬어요.   ◐ He gave me advice.

◐ He gave advice to me.

받는 대상을 전치사구로 말할 때에는 '~에게'를 뜻하는 전치사 to를 씁니다.

어떤 동사들은 to가 아닌 for와 어울리기도 합니다.

전치사 for와 어울리는 동사   buy, cook, find, get, make

그녀가 제게 자기 에어팟을 빌려줬어요.
　○ She lent her Airpods to me.

그녀가 제게 보고서를 건넸어요.
　○ She passed the papers to me.

그가 제게 꽃을 사다 줬어요.
　○ He bought flowers for me.

엄마가 제가 가장 좋아하는 음식을 만들어주셨어요.
　○ Mom cooked my favorites for me.

GO!
말하기 연습 ○ 274쪽

Call me Mark.

#5형식 🔊 MP3 19

저를 Mark라고 불러주세요.
Please call me Mark.

그래요, Mark. 만나서 반가워요.
**Ok, Mark.
Nice to meet you.**

목적어와 보어 둘 다 필요한 동사

동사 뒤에 목적어가 필요하고 그 뒤에 보어까지 필요할 때가 있습니다. 동사 **call**로 '~에게 전화하다'라고 말할 때 전화를 받는 대상인 목적어만 말해도 충분합니다. 하지만 동사 **call**로 '[목적어]를 [보어]라고 부르다'라고 말할 때에는 목적어를 설명하는 보어가 있어야 그 의미가 제대로 전달됩니다.

제가 당장 그에게 전화할게요. ▶ I will call <u>him</u> right now.
목적어

저를 닥터B라고 불러주세요. ▶ You can call <u>me Dr. B.</u>
목적어, 보어

아래 문장에서 동사 find는 '~를 찾다'라는 의미일 때 찾는 대상인 목적어 it만 말해도 의미가 전달됩니다. 하지만 동사 find가 '[목적어]를 [보어]하다고 생각하다'라는 의미일 때에는 목적어와 보어 둘 다 말해야 합니다.

제가 그거 찾았어요. ▶ I found <u>it.</u>
목적어

저는 그게 쉽다고 생각했어요. ▶ I found <u>it easy.</u>
목적어, 보어
(It was easy.)

목적어 뒤 보어의 종류

우리말에서도 '님'이라는 글자에 점 하나를 잘못 찍으면 '남'이 된다고 합니다. 다음 페이지의 영어 문장도 **easy**와 **easily**의 차이로 인해 동사 find의 의미가 달라지고, 문장의 의미도 달라집니다.

저는 그게 쉽다고 생각했어요.　◐ I found it easy. 형용사

제가 그거 쉽게 찾았어요.　◐ I found it easily. 부사

첫 번째 문장의 **find**는 '[목적어]를 [보어]하다고 생각하다'라는 의미이고, 두 번째 문장의 **find**는 '[목적어]를 찾다'라는 의미입니다. 이렇게 의미가 달라지는 이유는 보어를 말하고 말하지 않고의 차이 때문입니다. **easy** 같은 형용사는 목적어 뒤에서 보어가 될 수 있습니다. **easily** 같은 부사는 수식어로서 보어가 될 수 없습니다. 이렇게 목적어 뒤에서 보어가 될 수 있는 품사로는 명사(구), 형용사(구), 그리고 동사(구)입니다.

명사 보어　　　You can call me Dr. B.

형용사 보어　　　I found it easy.

목적어 뒤에 보어가 될 수 있는 동사(구)의 경우, 서술어의 의미에 따라서 다양한 형태가 될 수 있습니다.

동사원형	그녀가 제게 그 일을 하도록 시켰어요. ◎ She had me <u>do the work.</u>
동사원형-ing	복사기가 잘 작동하는 것을 봤어요. ◎ I saw the copier <u>working well.</u>
to동사원형	당신이 절 도와주길 원해요. ◎ I want you <u>to help me.</u>

동사 보어의 모습이 달라지는 이유는 주어 뒤의 서술어 동사 때문입니다.

보어로 동사원형이 필요한 의미들

다음 동사들이 '[목적어]를 [보어]하도록 시키다'의 의미일 때
◎ let, have, make

감각과 관련된 다음 동사들이 올 때
◎ feel, see, watch, hear

그들이 절 돕게 했어요.
◎ I let them help me.

그녀한테 당신에게 전화하라고 할게요.
◎ I will have her call you.

그가 절 다시 돌아오게 했어요.
> He made me come back again.

프로그램이 순조롭게 진행되는 것을 아실 수 있어요.
> You can see the program run smoothly.

그들이 절 보는 걸 느꼈어요.
> I felt them watch me.

차가 붕 하고 가는 소리가 들려요.
> I can hear cars zoom by.

감각과 관련된 동사는 보어로 동사원형-ing도 가능합니다.

그들이 절 보고 있는 걸 느꼈어요.
> I felt them watching me.

차가 붕 하고 가는 소리가 들려요.
> I can hear cars zooming by.

보어로 to 동사원형이 필요한 의미들

원하다 want	요청하다 ask
기대[예상]하다 expect	충고하다 advise

허락하다 allow	격려하다 encourage
강요하다 force	명령하다 order

그는 제가 새 드라마를 보기를 원해요.
> He wants me to watch the new drama.

그들에게 이따 다시 전화해달라고 했어요.
> I asked them to call back later.

계획이 순조롭게 진행되길 기대해요.
> We expect the plan to go smoothly.

상사가 제게 휴가를 쓰라고 충고했어요.
> My boss advised me to take a vacation.

상사가 일찍 퇴근하도록 허락해주었어요.
> My boss allowed me to leave early.

남편은 제게 승진에 지원해보라고 용기를 줬어요.
> My husband encouraged me to apply for a promotion.

동사 help는 보어로 동사원형과 to동사원형이 모두 가능합니다.

제가 상자를 옮길 수 있도록 그들이 도와줬어요.
> They helped me (to) carry the boxes.

파티가 끝나고 그녀를 도와 치웠어요.

◯ **I helped her** (to) clean **up after the party.**

목적어와 보어의 의미가 수동적 관계일 때에는 어떤 서술어를 말하든 보어로

과거분사(-**ed**)를 말합니다.

차를 수리 맡겼어요.　◯ **I had my car** repaired. 수리됨

머리카락을 잘랐어요.　◯ **I had my hair** cut. 잘려짐

집의 벽을 다시 칠하게 했어요.

◯ **I had my walls** repainted. 벽은 칠해지는 것

제 컴퓨터를 고치게 했어요.

◯ **I got my computer** fixed. 컴퓨터는 고쳐지는 것

손가락이 종이에 베인 것을 느꼈어요.

◯ **I felt my finger** cut by the paper. 손가락이 베어진 것

말하기 연습 ◯ 276쪽

20

The man standing in front is my friend.

#현재분사 #과거분사 ◀)) MP3 20

앞에 서 있는 남자가 제 친구예요.
The man standing in front is my friend.

아, 친구 분이 똑똑해 보이네요.
Oh, he looks smart.

동사원형-ing

동사원형-ing는 '~하는 것'과 '~하고 있다'라는 의미 외에, 명사 가까이에서 명사를 수식하여 '~하는'이라는 의미도 갖고 있습니다. 품사는 동사지만, 마치 형용사처럼 명사를 꾸며주는 역할을 하는 것입니다.

동사원형-ing

~하는 것	저는 뛰는 걸 좋아해요.
	○ I like running.
~하고 있다	저는 지금 뛰고 있어요.
	○ I'm running now.
~하는	저는 뛰고 있는 남자를 봤어요.
	○ I saw a running man.

동사원형-ing는 명사의 앞 또는 뒤에서 명사를 수식합니다. 보통 수식하는 말이 동사원형-ing 밖에 없다면 명사 전에 말하고, 동사원형-ing 뒤에도 함께 수식하는 말이 길게 이어지면 명사 뒤에 바로 이어서 말합니다.

the standing man 서 있는 남자

the man standing in front 앞에 서 있는 남자

춤추고 있는 여자가 제 여동생이에요.
○ The dancing woman is my sister.

자고 있는 아기가 제 남동생의 아기예요.
  ○ The sleeping baby is my brother's baby.

차를 운전하고 있는 분이 제 아버지세요.
  ○ The man driving the car is my father.

줄을 서서 기다리고 있는 사람들은 새 전화기를 사고 싶어 해요.
  ○ The people waiting in line want to buy the new phone.

과거분사(-ed)

'~되다, ~ 당하다'라는 수동적 의미를 가진 과거분사도 명사의 앞 또는 뒤에서 명사를 수식합니다. '~된'이라는 수동의 의미로, 아래 computers는 스스로 작동을 안 하는(능동적) 것이 아니라, 작동을 하지 못하는(수동적) 상태인 것입니다. 과거분사도 함께 수식하는 말이 길게 이어지면 명사 뒤에 이어서 말합니다.

the broken computers 고장 난 컴퓨터

the computers broken yesterday 어제 고장 난 컴퓨터

소스를 익힌 면에 부으세요.
> **◉ Add sauce to the** cooked **noodles.** 면은 요리된 것

설거지한 그릇들이 지금 마르고 있어요.
> **◉ The** washed **dishes are drying now.** 그릇은 닦여진 것

어제 만들어 놓은 음식을 먹고 있어요.
> **◉ I'm eating the food** cooked yesterday. 음식은 요리된 것

지난주에 고쳤던 모니터가 또 안 나와요.
> **◉ The monitor** fixed last week **is broken again.** 고쳐진 것

정리하면, 꾸며주는 명사가 능동적 주체인지, 수동적 대상인지에 따라 동사원형-ing와 과거분사 중에서 선택해 말할 수 있습니다.

목적어 뒤의 동사원형-ing와 과거분사

똑같은 상황을 말하면서도 목적어(명사)를 무엇으로 하느냐에 따라 뒤에 이어지는 말이 달라질 수 있습니다. 다음 페이지의 두 문장에서 동사원형-ing(talking)와 과거분사(told)의 차이는 바로 앞의 목적어를 각각 them, it으로 다르게 말했기 때문입니다.

사람들이 그 일에 대해 말하는 것을 들었어요.

○ I heard **them** **talking** about it.
They were talking about it. 사람들이 그 일에 대해 말하고 있었다.

○ I heard **it** **told** by them.
It was told by them. 그 일은 사람들에 의해 말해졌다.

문장에서 그들(**them**)은 이야기하는(**talking**) 능동적 주체이고, 그 일(**it**)은 이야기되는(**told**) 수동적 대상입니다. 본 것(**see**)과 들은 것(**hear**)을 말할 때에는 목적어와 뒤에 이어지는 동사와의 관계에 따라 잘 선택해 말해야 합니다. *이 책의 193쪽 참고

주어+ | see hear | +목적어+**동사원형-ing**

[목적어]가 [동사원형-ing]하는 것을 보다/듣다

당신이 늦게까지 일하고 있는 걸 봤어요.
○ I saw you working late.

누군가가 제 이름을 부르는 것을 들었어요.
○ I heard someone calling my name.

주어 + | see / hear | + 목적어 + 과거분사

[목적어]가 [과거분사]되는 것을 보다/듣다

보고서가 급히 파쇄되는 것을 봤어요.
> I saw the papers shredded in a hurry.

그 노래가 라디오에서 언급되는 것을 들었어요.
> I heard the song mentioned on the radio.

누군가로 하여금 '~하도록 시키다'(**have**, **make**, **let**)라고 말할 때에도
목적어와 뒤에 이어지는 동사와의 관계에 따라 잘 선택해 말해야 합니다.

주어 + | have / make / let | + 목적어 + 동사원형

[목적어]가 [동사원형]하게 하다

상사가 제게 심부름을 시켰어요.
> My boss had me run errands.

아이들을 가만히 있게 했어요.

 ◎ I made my kids stay still.

개가 뛰어다니도록 놓아두었어요.

 ◎ I let my dog run around.

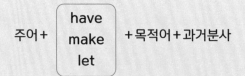

주어＋ have make let ＋목적어＋과거분사

[목적어]가 [과거분사]되도록 하다

어제 머리카락을 잘랐어요.

 ◎ I had my hair cut yesterday.

내일은 차를 점검할 거예요.

 ◎ I will have my car checked tomorrow.

참고: 자주 쓰는 관용 표현

~에 관해 말한다면　　**Speaking of**

~로 판단하건대　　**Judging from**

~와 비교해보면   **Compared to**

 그녀에 대해 말하는 김에, 어제 그녀와 우연히 마주쳤어요.
> Speaking of **her, I bumped into her yesterday.**

당신 모습을 보니, 어젯밤에 잠을 충분히 못 잤군요.
> Judging from **your appearance, you didn't get much sleep last night.**

어제와 비교하면 오늘은 수월했어요.
> Compared to **yesterday, today was an easier day.**

말하기 연습 ● 278쪽

톡!

21

He's a man that I can trust.

#관계대명사　　　　　🔊 MP3 21

그는 정직하고 믿을 만해요.
He is honest and reliable.

맞아요. 그는 믿을 만한 사람이죠.
Agreed. He's a man that I can trust.

명사를 수식하는 절

형용사는 명사를 수식하는 단어입니다. 하지만 형용사만으로는 다양한 상황들을 표현을 하는 데 한계가 있습니다. 그래서 동사가 동사원형-**ing**, **to**동사원형 등 다양한 모습으로 명사를 수식하기도 하고, 심지어 절이 명사를 수식하기도 합니다. 이때 필요한 단어가 **that**입니다.

그는 믿을 만한 사람이에요.

형용사＋명사 ○ He is a <u>reliable man</u>.

명사＋to동사원형 ○ He is a <u>man to rely on</u>.

명사＋절 ○ He is a <u>man that I can trust</u>.

절이 앞의 명사를 수식하기 위해서는 절과 절을 이어 한 문장으로 만드는 연결어가 필요하고, 그러한 역할을 하는 것이 **that**입니다. 이 연결어는 말하지 않아도 괜찮을 때도 있지만, 꼭 말해주어야 할 때도 있습니다.

절1   절2
He is a man that I can trust.

위 문장에서 **that**은 해석할 의미가 없습니다. 단지 의미상 **trust**의 목적어인 **him(a man)**을 대체하고, 두 개의 절을 연결하는 기능이 있습니다. 이렇게 목적어를 대체하는 **that**은 말하지 않아도 괜찮습니다. 절 **I can trust**가 뒤에서 명사 **a man**을 꾸며주는 것입니다. 쉽게 말해, 명사를 꾸며주는 말이 **I**와 같은 주어로 시작하는 절이라면, 굳이 **that**을 말하지 않습니다.

He is a man I can trust.

이렇게 절이 명사를 수식하면 말이 길어집니다. **reliable**과 같은 형용사로 간단히 표현할 수 있다면 굳이 이렇게 말하지 않을 것입니다. 하지만 말은 상황에 따라 다양하게 나올 수 있는 것이기 때문에 **that**과 같은 기능어가 필요합니다. **that**과 같은 역할을 하는 단어로는 **who, whom, which**가 있습니다. 꾸며주는 명사의 종류에 따라서 달리 쓰입니다.

who, whom, that 수식되는 명사가 **사람**을 나타내는 단어일 때

which, that 수식되는 명사가 **사람 이외의 것**을 나타내는 단어일 때

당신이 대화한 그 사람이 제 언니예요.
○ **The person** who you talked with **is my sister.**
who(또는 that)는 you talked with의 목적어를 대체

지난주에 샀던 셔츠가 지금 세일해요.
○ **The shirt** which I bought last week **is on sale now.**
which(또는 that)는 I bought의 목적어를 대체

당신이 말한 그 이름을 들어봤어요.
○ **I have heard the name** which you mentioned.
which(또는 that)는 you mentioned의 목적어를 대체

파리는 제가 언젠가 가고 싶은 도시예요.

◐ **Paris is a city** which I want to visit one day.

which(또는 that)는 visit의 목적어를 대체

이러한 **that, who, which**는 목적어 외에도 주어를 대체하기도 합니다. 아래 문장에서 **who speaks 4 languages**는 앞의 사람을 나타내는 명사 **a woman**을 수식하여, '4개 언어를 하는 여자'라는 의미가 됩니다.

절1   절2

I know a woman who speaks 4 languages.

저는 4개 언어를 하는 여자를 알아요.

who는 '누가'라는 뜻이 아닙니다. **who**는 의미상 **speaks 4 languages**의 주어인 **she(a woman)**을 대체하고, 두 개의 절을 연결하는 기능이 있습니다. 결론적으로, **who speaks 4 languages**는 명사 **a woman**을 수식하는 것입니다. **who**가 아닌 **that**을 말해도 무방합니다.

I know a woman. She speaks 4 languages.

◐ I know a woman <u>who</u> speaks 4 languages.

◐ I know a woman <u>that</u> speaks 4 languages.

이렇게 주어를 대체할 때에는 **who, which, that**을 꼭 말해줘야 합니다. 쉽게 말해, 명사를 꾸며주는 말이 **speaks**와 같은 동사로 시작하는 절이라면, 이 **who, which, that**은 잊지 말고 꼭 말해줘야 합니다.

I know a woman <u>speaks 4 languages.</u> (X)

이 가게를 소유한 남자와 이야기했어요.
◉ **We talked to the man** who owns this store.

이상한 냄새가 나는 음식은 버렸어요.
◉ **We threw out the food** which smelled strange.

타인을 돕는 걸 좋아하는 사람은 흔하지 않아요.
◉ **People** that like to help others **are not common.**

그 웹사이트에서 강력히 추천하는 책을 읽었어요.
◉ **I read a book** that was highly recommended on the website.

꾸며주는 명사에 따라서 **who, which**가 아닌, 반드시 **that**을 써야 하는 경우도 있습니다.

| the only | -thing | the very + 명사 |
| the same | every | all |

제가 당신에게 줄 수 있는 단 한 가지는 사랑이에요.
> **The only thing** that I can give you **is love.**

제가 사고 싶은 것은 새 전화기예요.
> **Something** that I want to buy **is a new phone.**

내가 말하고 있던 게 바로 이거예요.
> **The very thing** that I was talking about **is this.**

그녀가 한 말이 모두 기억이 나지 않아요.
> **I can't remember all** that she said.

GO!

말하기 연습 ◯ 280쪽

(22)

That's why I like you.

#관계부사
🔊 MP3 22

당신 주려고 샀어요.
I bought it for you.

이래서 제가 당신을 좋아해요.
That's why I like you.

That's why ~

why는 '왜'를 의미하며, 이유를 물어볼 때 쓰는 의문사입니다.

why do you like me? 왜 절 좋아하세요?

why는 의문문이 아닌 문장에서도 활용되는데, 앞서 배운 that처럼 문장의
중간에서 절과 절을 연결하는 데 쓰입니다. why 뒤의 절은 앞의 명사를
꾸며주는데, 이 명사가 '이유'를 뜻할 때입니다.

절1 절2
That's the reason why I like you.

'이유'를 뜻하는 명사 the reason을 꾸며주는 데 why를 쓰는 건 당연해
보입니다. 이 두 단어는 거의 같은 뜻이나 마찬가지이기 때문에 둘 중에서
하나를 생략하고 하나만 말하기도 합니다.

~하는 이유 the reason why 절

그게 제가 당신을 좋아하는 이유예요.
ⓞ That's the reason why I like you.

⊖ That's the reason I like you.

⊖ That's why I like you.

당신이 여기에 있는 이유를 알아요.
ⓞ I know the reason why you are here.

모두들 제가 늦은 이유를 몰라요.
> ○ Nobody knows the reason why I'm late.

절이 '장소'를 의미하는 명사를 꾸며준다면 **where**을 말하는 것이 자연스럽게 들립니다.

~하는 장소 **the place where** 절

저는 그녀가 일하는 사무실로 갔어요.
> ○ I visited the office where she works.

우리는 제가 매일 달리기하는 공원에서 우연히 마주쳤어요.
> ○ We ran into each other in the park where I run every day.

그녀는 우리가 만나기로 한 장소에 나타나지 않았어요.
> ○ She didn't show up at the place where we were to meet.

절이 '시간'을 의미하는 명사를 꾸며준다면 **when**을 말하는 것이 자연스럽게 들립니다. 이 **when**은 생략하고 말하지 않아도 됩니다.

~하는 시간 **the time when 절**

우리가 처음 만났던 날을 잊어버렸어요.
- ◐ I forgot the day when we first met.

- ⊖ I forgot the day we first met.

비행기가 도착하는 시간을 확인했어요.
- ◐ I checked the time the plane arrives.

그 소식을 들었던 때를 기억해요.
- ◐ I remember the moment I heard the news.

절이 '방법'을 의미하는 명사를 꾸며준다면 가장 어울리는 말이 **how**일 것입니다. 조심해야 할 것은 **the way how**라고 말하지 않는다는 것입니다. **the way**와 **how**는 함께 말하지 않습니다.

~하는 방법 **the way[how] 절**

그곳에 가는 방법을 알려줘요.
- ◐ Tell me the way I get there.

- ⊖ Tell me how I get there.

- ✕ Tell me the way how I get there. (X)

제가 전등을 고친 방법을 그들에게 보여줬어요.

　◎ I showed them how I fixed the lights.

그녀가 자기 부모님을 어떻게 납득시켰는지 들었어요.

　◎ I heard how she convinced her parents.

참고: '~하는 방법' how + to 동사원형

그곳에 가는 방법을 알려줘요.

　◎ Tell me how to get there.

'~하더라도'

when, where, how에 -ever를 붙여서 '~하더라도'라는 의미를 말할 수 있습니다. 뒤에는 주어와 동사 등이 있는 절을 말합니다.

언제든지, 언제 ~하더라도	whenever	
어디든지, 어디에서 ~하더라도	wherever	＋절
아무리 ~해도, 어떻게 ~하더라도	however	

이야기할 필요가 있을 때에는 언제든지 전화하세요.
> **Call me whenever you need to talk.**

내가 어디에 있든지, 내겐 전화기가 있으니 길을 찾을 수 있어요.
> **Wherever I am, I can find my way because I have my phone.**

당신이 그 일을 어떻게 하든지, 결과는 똑같을 거예요.
> **However you do it, the result will be the same.**

however 바로 뒤에 형용사를 말하기도 합니다. how가 가진 뜻 자체가 '어떻게'라는 상태나 정도, 방법을 뜻하기 때문에 뒤에 형용사만 붙여서 말해도 이상하지 않습니다. however는 문장 맨 앞에서 '하지만, 그러나'를 의미하기도 합니다.

아무리 피곤하더라도 회사에 가야 해요.
> **However tired (I am), I have to go to work.**

저는 초콜릿을 좋아하는데, 여동생은 싫어하더라고요.
> **I love chocolate. However, my sister hates it.**

who, what, which도 -ever를 붙여서 '~하더라도'라는 의미를 말할 수 있습니다.

누가 ~하든	whoever	+동사
무엇이 ~하더라도	whatever	+동사
무엇을 ~하더라도	whatever	+주어+동사
어느 것을 ~하든	whichever	+명사+주어+동사

이 그림을 누가 그렸든 간에 대단한 예술가이다.
◐ Whoever **painted this, he or she is a great artist.**

무슨 일이 일어나도 이보다 더 나쁠 수는 없어요.
◐ Whatever **happens, it couldn't be worse.**

당신이 무슨 말을 하더라도 그는 듣지 않을 거예요.
◐ Whatever **you say, he won't listen.**

어느 색을 고르든지 줄게요.
◐ **I will give you** whichever **color you choose.**

참고: '무엇이든지 좋다' whatever

Q 점심 먹으러 갑시다. 뭐 먹고 싶어요?
▶ Let's go for lunch. What do you want?

A 라면, 김밥, 뭐든 괜찮아요.
▶ Ramen, gimbap, or <u>whatever</u>.

말하기 연습 ▶ 282쪽

톡!

23

I like both of them.

#접속사

🔊 MP3 **23**

어느 게 더 나아요?

Which one is better?

전 둘 다 좋아요.

I like both of them.

대등한 것들의 연결

단어와 단어, 구와 구, 절과 절을 잇기 위해서는 연결어가 필요합니다. 우리가 일상에서 많이 쓰는 접속사들 **and, or, but** 등은 앞뒤로 서로 대등한 것들을 연결합니다. 단어와 구를 연결하거나, 단어와 절을 연결하지 않습니다.

~와, 그리고 **and**   ~나, 또는 **or**

그러나 **but**   그런데도 **yet**   그래서 **so**

전 쿠키와 우유를 좋아해요.
> ○ I like cookies and milk.
>   단어   단어

저는 쿠키 먹기와 우유 마시기를 좋아해요.
> ○ I like eating cookies and drinking milk.
>   구   구

쿠키를 먹었고 차를 마셨어요.
> ○ I ate cookies and I drank tea.
>   절   절

차나 우유 중에서 골라요.
> ○ Choose tea or milk.
>   단어   단어

음악 듣는 건 즐기지만 노래를 부르는 건 즐기지 않아요.
> ○ I enjoy listening to music but not singing songs.
>   구   구

쿠키 굽는 것을 좋아하지만 쿠키를 먹는 건 좋아하지 않아요.
> ○ I like baking cookies, but I don't like eating them.
>   절   절

우리는 늦게까지 안 잤지만 피곤하지 않았어요.

○ We stayed up late, yet we did not feel tired.
　　절　　　　　　　　절

늦게 일어나서 회사에 늦었어요.

○ I woke up late so I was late for work.
　　절　　　　　　절

명령문에서 **and**와 **or**은 **you will**과 어울려 다른 의미로 쓰일 수 있습니다.

명령문, and you will …　　~해라, 그러면 …할 것이다

명령문, or you will …　　~해라, 그러지 않으면 …할 것이다

운동하세요. 그러면 살이 빠질 거예요.

　○ **Exercise** and you will **lose weight.**

이걸 마시세요. 그러면 좀 더 나아질 거예요.

　○ **Drink this** and you will **feel better.**

자러 가세요. 그러지 않으면 내일 피곤할 거예요.

　○ **Go to sleep** or you will **feel tired tomorrow.**

뭘 좀 먹어요. 그러지 않으면 배가 고플 거예요.

　○ **Eat something** or you will **be hungry.**

몇 개 접속사는 함께 쓰여 어울리는 표현들을 알아두면 유용합니다. 이때에도 앞뒤로 서로 대등한 것들을 연결합니다.

A와 B 둘 다   **○ both A and B**   *both 둘 다

A 또는 B   **○ either A or B**   *either 둘 중 하나

A도 B도 아닌   **○ neither A nor B**   *neither = not either

A뿐만 아니라 B도   **○ not only A but also B**   *B를 강조

노트북과 태블릿 둘 다 사고 싶어요.
> **○ I want to buy both a laptop and a tablet.**

초콜릿 케이크나 치즈케이크 중 하나를 먹을 수 있어요.
> **○ You can have either the chocolate cake or the cheesecake.**

케이크도 파이도 좋아하지 않아요.
> **○ I like neither cake nor pie.**

바닐라 아이스크림뿐만 아니라 초콜릿 아이스크림도 먹어보고 싶어요.
> **○ I want to try not only the vanilla ice cream, but also the chocolate ice cream.**

both A and B는 둘 이상을 의미하므로 복수로 취급해 말합니다. A와 B를 묶어서 **both of them**으로 표현하기도 합니다.

그와 저 둘 다 여기서 일하고 있어요.
○ Both he and I are **working here.**

둘 다 제 타입이 아니에요.
○ Both of them are **not my type.**

시간 관련 접속사

and, or처럼 서로 대등한 것을 연결하는 접속사가 아니라, 절을 덧붙여 보충설명의 역할을 하는 접속사들도 있습니다. 이런 접속사는 and, or처럼 명사와 명사, 구와 구를 연결하지는 않습니다. 그리고 절과 절 사이에 말할 수도 있지만, 문장 맨 앞에 말할 수도 있습니다.

절1 + 접속사 + 절2
접속사 + 절2, + 절1

~일 때 **when, as**   ~ 전에 **before**   ~ 후에 **after**

~때까지 until, till   ~ 동안에 while

어렸을 때는 수영하는 것을 좋아했어요.
　◐ When I was young, I loved to swim.

저는 당신이 도착하기 전에 도착했어요.
　◐ I arrived before you did.

모두 잠자리에 든 후에 저도 자러 갔어요.
　◐ I went to bed after everyone else went to sleep.

영화가 끝날 때까지 깨어 있었어요.
　◐ I stayed up until the movie was done.

저는 일하는 동안 음악을 들어요.
　◐ I listen to music while I work.

before, after, until은 접속사와 같은 의미로 전치사의 기능도 합니다. 즉,

before, after, until 뒤에 하려는 말이 절이 아닌 명사(구)여도 됩니다.

점심 전에 만납시다.　　　◐ Let's meet before lunch.

저녁을 먹고 나니 졸려요.　◐ I feel sleepy after dinner.

오늘까지 계속 바빴어요.　◐ Until today, I was constantly busy.

시간과 관련된 표현 외에도 다양한 접속사들이 일상적으로 쓰입니다.

~ 때문에   ⭕ because, as, since

만약 ~라면 (조건)   ⭕ if ↔unless 만약 ~가 아니라면

비록 ~이긴 하지만   ⭕ although, though, even though, even if

오늘이 제 생일이라 기분이 좋네요.
  ⭕ I am happy because it is my birthday.

절 도와주면 빨리 끝낼 수 있어요.
  ⭕ If you help me, I can finish quickly.

밤이 늦었지만 잠을 잘 수 없어요.
  ⭕ Although it's late, I can't go to sleep.

시간과 관련한 접속사들 when, before, after, until, while 등이 이끄는 절은 시제와 관련해서 특별한 점이 있습니다. 하려는 말이 앞으로의 일이라 하더라도 굳이 will과 같은 미래시제를 나타내는 말을 쓰지 않아도 된다는 것입니다. 시간 관련 접속사들이 이끄는 절은 미래의 일도 현재시제로 말합니다. 여기에는 '만약에'를 의미하는 접속사 if도 포함됩니다.

당신이 도착하기 전에 제가 도착할 거예요.

    ● I will arrive <u>before you do.</u> (O)

    ● I will arrive <u>before you will do.</u> (X)

그가 돌아오면 전화할게요.

    ● When he comes back, I will call you.

그녀가 나갈 준비가 될 때까지는 아무도 나갈 수 없어요.

    ● No one can leave until she is ready to leave.

내일 비가 오면 차로 태우러 갈게요.

    ● If it rains tomorrow, I will pick you up.

that과 if

think와 know 같은 동사 바로 뒤에 that으로 연결된 절을 써서 각각 '~라고 생각한다, ~라는 것을 안다'라고 말할 수 있습니다.

~라고 생각한다	● I think	
~라는 것을 안다	● I know	+that 절
~라고 믿는다	● I believe	

주의 깊게 듣는 것이 중요하다고 생각해요.
> I think that **listening carefully is important.**

당신이 피곤한 것 알아요.
> I know that **you are tired.**

당신이 좋은 친구라는 걸 믿어요.
> I believe that **you are a great friend.**

참고: '사실은 ~라는 것이다' (하려는 말을 강조할 때)
The truth is that 절

정말 당신은 훌륭한 요리사예요.
> **The truth is that you are an amazing cook.**

동사 바로 뒤에 **if**로 연결된 절을 써서 말할 수도 있습니다. 이때 **if**의 뜻은 '만약 ~라면'이 아닌 '~인지 아닌지'를 의미합니다.

~인지 아닌지 궁금하다　> **I wonder if 절**

~인지 아닌지 모른다　> **I don't know if 절**

힙합을 좋아하시는지 궁금해요.
> I wonder if **you like hip-hop.**

그들이 우리와 같이 움직일지 모르겠어요.
> I don't know if **they will travel with us.**

말하기 연습 ❯ 284쪽

실시간 재생

24

If I were you,
I would buy it.

#가정법

◀) MP3 **24**

폰케이스가 예쁜데, 비싸네요.
The phone case is pretty, but expensive.

내가 당신이라면 사요.
If I were you, I would buy it.

'~한다면, …할 거야'

'만약 ~라면'을 의미하는 접속사 **if**, 그리고 미래시제를 나타내는 조동사 **will**이 결합해서 가정하는 문장을 만들 수 있습니다. 실제로 일어날 수 있는 상황을 가정할 때 하는 것입니다.

> **If + 주어 + 현재동사 ~, 주어 + will + 동사원형 ~**

여기서 기다리고 있으면 모두 올 거예요.
> ◐ If you wait here, everyone will come.

열심히 일하면 성공할 거예요.
> ◐ If you work hard, you will succeed.

지금 나가지 않으면, 버스를 놓칠 거예요.
> ◐ If you don't leave now, you will miss the bus.

'~라면, …할 텐데'

이를테면 태양이 서쪽에서 뜬다든지 하는 것처럼, 일어날 가능성이 거의 없는

일을 가정하여 말할 때에는 접속사 if와 동사의 과거형을 써서 말합니다.

> **If + 주어 + 과거동사 ~, 주어 + would/could + 동사원형 ~**

과거시제로 말하지만 현재의 일을 가정하는 것입니다. 이때 if절에 be동사를

말한다면 주어가 무엇이든 be동사는 항상 were라고 합니다.

내게 여유가 있다면 세계일주를 할 텐데.
　　○ If I were **free, I would travel the world.**

당신이 여기 있다면 절 도와줄 수 있을 텐데요.
　　○ If you were **here, you could help me.**

제가 시간이 있다면 당신과 같이 갈 텐데요.
　　○ If I had **the time, I would go with you.**

'~였다면, …했을 텐데'

과거에 일어나지 않았던 일에 대해 '만일 그랬다면…'하고 가정하여 과거의 일을 후회하는 경우가 있습니다. 과거의 일에 대해 가정하는 것은 문법적으로 한 단계 더 과거로 표현하면 됩니다. 그 표현이 **have + 과거분사**입니다. 완료시제의 모습이지만 if절에서는 완료시제와 상관 없다고 보면 됩니다.

> If + 주어 + had + 과거분사 ~,
> 주어 + would/could + have + 과거분사 ~

날씨를 확인했다면 우산을 가져왔을 텐데.
　　○ If I had checked **the weather, I would have brought an umbrella.**

당신이 확인했다면 알았을 텐데요.

> ○ If you had checked, **you** would have known.

참고: '(과거에) ~였다면, (지금)...할 텐데'

내가 지갑을 기억했다면 집에 돌아가지 않아도 되는데.

> ○ If I had remembered my wallet, I wouldn't have to go back home.

지갑을 안 가지고 나왔기 때문에 지금 집에 가야 한다.

기타 가정하는 표현들

사실은 그렇지 않은데 마치 그런 것처럼 한다고 말할 때 **as if**를 씁니다.

(지금) '마치 ~인 것처럼'

> ○ 주어 + 동사 + **as if** + 주어 + 과거동사 ~

(과거에) '마치 ~였던 것처럼'

> ○ 주어 + 동사 + **as if** + 주어 + **had** + 과거분사 ~

마치 아무도 없는 것처럼 조용하네요.

> ○ It's quiet as if nobody were here.

관심 있는 것처럼 말하시네요.

    ◐ You speak as if you cared.

거기 가봤던 것처럼 말하시네요.

    ◐ You speak as if you had been there.

마치 와봤던 것처럼 이 장소를 잘 아시는 것 같아요.

    ◐ You seem to know this place as if you had been here before.

'~한다면, ~했다면'이라는 아쉬움을 드러낼 때에는 I wish를 써서 말합니다.

(현재 사실과 다르기를 바라며) **~한다면**
◐ I wish + 주어 + 과거동사 ~

(과거의 일이 달랐기를 바라며) **그때 ~했다면**
◐ I wish + 주어 + had + 과거분사 ~

지금 내게 시간이 좀 더 있다면.   ◐ I wish I had more time.

그때 당신의 말을 들었더라면.   ◐ I wish I had listened to you.

'~ 없이'를 뜻하는 전치사 **without**도 부재를 가정하는 표현으로 '~가 없다면' 이라는 의미로 말할 수 있습니다. **without**은 전치사이니 뒤에는 명사(구)가 옵니다. **without**을 길게 풀어서 **if** 절로 말할 수도 있습니다.

~가 없다면

  ○ **Without** + 명사(구)

  ○ **If it were not for** + 명사(구)

도움 없이는 이 일을 마치지 못했을 거예요.
  ○ Without **any help, I could not finish this.**

이 프로젝트가 아니라면 제가 이렇게 바쁘지 않을 텐데요.
  ○ If it were not for **this project, I would not be so busy.**

말하기 연습 ○ 286쪽

필수 불규칙 변화 동사들

am/is ~이다, ~있다	was	been
are ~이다, ~있다	were	been
become 되다	became	become
go 가다	went	gone
come 오다	came	come
leave 떠나다, 남기다	left	left
do 하다	did	done
have 가지다	had	had
make 만들다	made	made
take 가져가다	took	taken
get 얻다	got	gotten
give 주다	gave	given
send 보내다	sent	sent

keep 유지하다	kept	kept
know 알다	knew	known
find 찾아내다	found	found
understand 이해하다	understood	understood
feel 느끼다	felt	felt
see 보다	saw	seen
say 말하다	said	said
tell 말하다	told	told
hear 듣다	heard	heard

원형에서 바뀌지 않는 동사들

cost (값이) ~이다	cost	cost
cut 자르다	cut	cut
hit 치다	hit	hit
hurt 다치게 하다	hurt	hurt
let 하게 두다	let	let

put 놓다	put	put
quit 그만두다	quit	quit
read 읽다	read *발음 주의	read *발음 주의
set 놓다	set	set
shut 닫다	shut	shut
spread 퍼지다	spread	spread

과거와 과거분사가 같은 동사들

catch 잡다	caught	caught
teach 가르치다	taught	taught
bring 가져오다	brought	brought
buy 사다	bought	bought
fight 싸우다	fought	fought
seek 찾다, 추구하다	sought	sought
bend 구부리다	bent	bent
build 짓다	built	built

lend 빌려주다	lent	lent
mean 의미하다	meant	meant
lose 잃다, 지다	lost	lost
sleep 잠자다	slept	slept
spend 소비하다	spent	spent
sweep 쓸다	swept	swept
lie 거짓말하다	lied	lied
pay 지불하다	paid	paid
hold 잡고 있다	held	held
lead 이끌다	led	led
sell 팔다	sold	sold
shoot 쏘다	shot	shot
sit 앉다	sat	sat
hang 매달다	hung	hung
dig 땅을 파다	dug	dug
stick 찌르다	stuck	stuck

swing 흔들다	swung	swung
win 이기다	won	won

과거형 첫째 모음이 a로 바뀌는 동사들

drink 마시다	drank	drunk
ring 울리다	rang	rung
run 뛰다, 운영하다	ran	run
sing 노래하다	sang	sung
sink 가라앉다	sank	sunk
swim 수영하다	swam	swum

과거형 첫째 모음이 e로 바뀌는 동사들

blow 불다	blew	blown
draw 그리다, 당기다	drew	drawn
fly 날다	flew	flown
grow 자라다	grew	grown

| throw 던지다 | threw | thrown |

과거형 첫째 모음이 o로 바뀌는 동사들

bear 지니다, 낳다	bore	born
break 깨다, 부수다	broke	broken
drive 운전하다	drove	driven
ride 타다	rode	ridden
rise 오르다	rose	risen
shake 흔들다	shook	shaken
speak 말하다	spoke	spoken
steal 훔치다	stole	stolen
tear 찢다	tore	torn
wear 입다	wore	worn
write 쓰다	wrote	written

기타 불규칙 변화 동사들

bite 물다	bit	bitten
hide 숨다, 숨기다	hid	hidden
beat 치다	beat	beaten
choose 선택하다	chose	chosen
forget 잊다	forgot	forgotten
show 보여주다	showed	shown

톡톡톡
말하기
연 습

1	난 괜찮아요.
2	그는 괜찮은 사람이에요.
3	저 아팠어요.
4	당신 운이 좋았어요.
5	우리는 잘했어요.
6	캐비닛에 펜이 없어요.
7	버스에 사람이 많았어요.
8	(날이) 맑지 않았어요.
9	제 말이 맞나요?
10	(날이) 따뜻한가요?
11	그들이 신입인가요?
12	바빴어요?
13	그가 늦었나요?

정답

01	am
02	is
03	was
04	were
05	were
06	There is
07	There were
08	wasn't
09	Am I
10	Is it
11	Are they
12	Were
13	Was

1 I _____ good.

2 He _____ good.

3 I _____ sick.

4 You _____ lucky.

5 We _____ good.

6 _____ no pen in the cabinet.

7 _____ many people on the bus.

8 It _____ clear.

9 _____ right?

10 _____ warm?

11 _____ new?

12 _____ you busy?

13 _____ he late?

월 / 일 오늘 공부 끝

1

2

3

1	그건 그들의 것이에요.
2	이 모두가 다 당신 것이에요.
3	그의 것은 그 빨간색이에요.
4	우리의 것이 더 커요.
5	제 우산은 검은색이고, 그녀의 우산은 노란색이에요.
6	그녀의 신발은 새것이지만, 제 신발은 오래됐어요.
7	그녀가 그 책의 작가예요.
8	이분들이 제 모임의 회원들이어요.
9	제 친구의 옷가지예요.
10	책이 세일 중이에요.
11	사람들은 친절했어요.
12	도로에 많은 버스가 있었어요.

정답

01	theirs
02	yours
03	His
04	Ours
05	Hers
06	mine
07	of the book
08	of my group
09	friend's
10	are
11	were
12	were

1   That's _____.

2   This is all _____.

3   _____ is the red one.

4   _____ is bigger.

5   My umbrella is black. _____ is yellow.

6   Her shoes are new but _____ are old.

7   She is the writer _____.

8   These are the members _____.

9   They are my _____ clothes.

10   Books _____ on sale.

11   People _____ kind.

12   Many buses _____ on the road.

1   이것들은 제 신발이에요.

2   저 휴대폰은 당신 것이에요.

3   저 신발은 당신 것이에요.

4   알겠어요. 이해했어요.

5   바람이 불고 구름이 꼈어요.

6   금요일이에요.

7   사과 2개가 있어요. 하나는 당신 것, 나머지 하나는 내 것이죠.

8   오늘 많은 사람들을 만났어요. 몇 명은 친절했는데, 다른 사람들은 그렇지 않았어요.

9   우리는 서로 좋아해요.

10   저는 모두 다 좋아요.

11   마음껏 드세요.

12   직접 확인하세요.

정답

01	These
02	That
03	Those
04	got it
05	cloudy
06	Friday
07	the other
08	others
09	each other
10	all of them
11	Help
12	for yourself

1_ 우리말에 맞게 빈칸을 채우고
2_ 원어민 음성을 들으며 따라 하고
3_ 의미를 생각하며 말해보자

1   _____ are my shoes.

2   _____ cell phone is yours.

3   _____ shoes are yours.

4   I _____.

5   It's windy and _____.

6   It's _____.

7   There are two apples. One is yours, and _____ is mine.

8   I met many people today. Some were kind, but _____ were not.

9   We like _____.

10 I like _____.

11 _____ yourself.

12 See _____.

월 / 일 오늘 공부 끝 👍

1   집에 휴대폰을 놓고 왔어요.

2   모두가 집 안에 있어요.

3   그는 일주일 후에 돌아올 거예요.

4   밤에는 동네가 조용해요.

5   이 열차는 여의도 행 열차입니다.

6   병뚜껑을 여세요.

7   우리는 한 집에서 살아요.

8   우린 시청 앞에서 만났어요.

9   제 텀블러는 당신 것 옆에 있어요.

10   퇴근 후에 저녁 먹읍시다.

11   이 근처에 사세요?

12   저는 지하철을 타고 출근해요.

13   덕분에 제가 시험을 통과했어요.

1

2

3

정답

01	at
02	in
03	in a week
04	at night
05	for
06	of
07	under
08	in front
09	next to
10	after work
11	around
12	by subway
13	Thanks to

1   I left my mobile _____ home.

2   Everyone is _____ the house.

3   He will be back _____.

4   The neighborhood is quiet _____.

5   This train is _____ Yeouido.

6   Open the lid _____ the bottle.

7   We live _____ the same roof.

8   We met _____ of City Hall.

9   My tumbler is _____ yours.

10 Let's have dinner _____.

11 Do you live _____ here?

12 I go to work _____.

13 _____ you, I passed my test.

월 / 일 오늘 공부 끝 👍

1 Q 어디세요?
   A 화장실에 있어요.

2 누가 당신과 함께 가죠?

3 이게 무슨 일이에요?

4 누구에게 전화했죠?

5 어떻게 생각해요?

6 그들이 원하는 게 뭐였죠?

7 Q 어느 것이 고장 난 거죠?
   A 이거예요.

8 어느 게 당신 거예요?

9 Q 이 음식 얼마나 됐어요?
   A 몰라요.

10 Q 거기 몇 개가 있나요?
    A 17개 있어요.

11 우리가 시간이 얼마나 있죠?

정답	
01	Where
02	Who
03	What is
04	Who did
05	What do
06	What did
07	Which
08	Which one
09	How old
10	How many
11	much time

1   Q _____ **are you?**
    A **I'm in the restroom.**

2   _____ **goes with you?**

3   _____ **going on here?**

4   _____ **you call?**

5   _____ **you think?**

6   _____ **they want?**

7   Q _____ **is broken?**
    A **This one.**

8   _____ **is yours?**

9   Q _____ **is the food?**
    A **I don't know.**

10 Q _____ **are there?**
    A **There are seventeen.**

11 **How** _____ **do we have?**

월 / 일 **오늘 공부 끝** 👍

1   어제 제 상사와 이야기했어요.

2   우리는 지난 주말에 장을 봤어요.

3   그녀가 좋은 충고를 많이 해주었어요.

4   우린 지금 떠나지 않아요.

5   그녀가 행복해 보이지 않네요.

6   오늘 제 일을 하지 않았어요.

7   그는 그렇게 생각하지 않았어요.

8   음악 좋아하세요?

9   어느 게 더 좋아요?

10   아이스크림 먹을래요?

11   그에게 차가 있나요?

12   무슨 뜻이죠?

13   뭐라고 말씀하셨어요?

	정답
01	spoke
02	bought
03	gave
04	don't
05	doesn't
06	didn't
07	didn't
08	Do you
09	like
10	Do you
11	Does he
12	What do
13	What did

1   I _____ to my boss yesterday.

2   We _____ groceries last weekend.

3   She _____ a lot of good advice.

4   We _____ leave now.

5   She _____ seem happy.

6   I _____ do my work today.

7   He _____ think that.

8   _____ like music?

9   Which do you _____ more?

10   _____ want some ice cream?

11   _____ have a car?

12   _____ you mean?

13   _____ you say?

월 / 일 오늘 공부 끝 👍

1

2

3

1   다음 주에 휴가를 갈 거예요.

2   그 가게는 가지 않을 거예요.

3   길 좀 알려주겠어요?

4   괜찮을 수도 있어요.

5   당신이 옳을지도 몰라요.

6   제 전화기 써도 돼요.

7   당신은 가도 좋아요.

8   저는 매일 운동해야 해요.

9   저는 책을 반납해야 해요.

10 그 건물에 들어가면 안 돼요.

11 일찍 집을 나서야 했어요.

12 당신은 올 필요 없어요.

13 제가 그 일을 할 수 있을 거예요.

정답

01	will
02	won't
03	Will you
04	might
05	may
06	can
07	may be
08	should
09	must
10	must not
11	had to
12	don't have
13	will be able

1 I _____ go on vacation next week.

2 I _____ go to the store.

3 _____ show me the way?

4 It _____ be okay.

5 You _____ be right.

6 You _____ use my phone.

7 You _____ excused.

8 I _____ exercise every day.

9 I _____ return the books.

10 You _____ enter the building.

11 We _____ leave home early.

12 You _____ to come.

13 I _____ to do it.

월 / 일 **오늘 공부 끝** 👍

1   TV를 보고 있어요.

2   그녀는 전화를 받고 있어요.

3   그는 쉬고 있어요.

4   우리는 점점 나아지고 있어요.

5   보고서를 검토하고 있었어요.

6   그녀는 전화를 받고 있지 않아요.

7   그는 그 프로젝트를 하고 있지 않았어요.

8   지금 뭐해요?

9   지금 누구랑 얘기하고 있어요?

10 나는 그때 뭘 하고 있었지?

11 누가 일정을 짜고 있죠?

12 이 열차는 오전 11시에 출발합니다.

13 언니가 다음 달에 아기를 낳아요.

정답

01	watching
02	answering
03	taking
04	getting
05	studying
06	answering
07	working
08	doing
09	talking
10	doing
11	making
12	leaving
13	having

1   I am _____ TV.

2   She is _____ the phone.

3   He's _____ a break.

4   We're _____ better.

5   I was _____ the report.

6   She isn't _____ the phone.

7   He wasn't _____ on the project.

8   What are you _____ now?

9   Who are you _____ to now?

10 What was I _____ then?

11 Who is _____ the schedule?

12 This train is _____ at 11 AM.

13 My sister is _____ a baby next month.

월 / 일 오늘 공부 끝 👍

255

1

2

3

1   저는 어제 집을 나왔어요.

2   저는 집을 나온 상태예요.

3   우리는 경기에서 졌어요.

4   5시 이후로 계속 여기에 있었어요.

5   이 집에서 산 지 5년이 됐어요.

6   그 가게는 전에 가본 적이 있어요.

7   저는 그녀를 결코 만난 적이 없어요.

8   저는 아직 그 영화를 안 봤어요.

9   런던에 가본 적이 있나요?

10   그가 아직 안 돌아왔나요?

11   방금 저녁을 다 먹었어요.

12   저는 아직 그 영상을 못 봤어요.

13   새로 나온 디저트 먹어봤어요?

정답

01	left
02	have left
03	lost
04	been
05	lived
06	before
07	never
08	yet
09	ever
10	Hasn't
11	just
12	haven't seen
13	Have you

1 I _____ the house yesterday.

2 I _____ the house.

3 We've _____ the game.

4 We have _____ here since 5 PM.

5 I have _____ in this house for five years.

6 I have been to the store _____.

7 I have _____ met her before.

8 I haven't seen the movie _____.

9 Have you _____ been to London?

10 _____ he come back yet?

11 I have _____ finished dinner.

12 I _____ the clip yet.

13 _____ tried the new dessert yet?

월 / 일 오늘 공부 끝 👍

TALK!

10. 형용사

103~109쪽

말하기 연습 MP3 10_Speak

1 또 필요한 게 있나요?

2 그가 맛있는 것을 가져다 줄 거예요.

3 그녀는 돈이 많아요.

4 경찰은 증거가 없어요.

5 그는 질문이 거의 없어요.

6 그는 이야기할 시간이 조금 있어요.

7 우유가 조금 있어요.

8 우린 꽤 재미있게 놀았어요.

9 그들은 모니터가 많아요.

10 쇼핑할 게 많아요.

11 아이디어가 몇 개 있어요.

12 우리는 시간이 없었어요.

13 뭘 좀 먹을래요?

정답

01	anything
02	tasty
03	much
04	no
05	few
06	a few
07	a little
08	fun
09	a lot of
10	lots of
11	some
12	any time
13	some

1   Do you need _____ else?

2   He will bring you something _____.

3   She has _____ money.

4   The police have _____ evidence.

5   He has _____ questions.

6   He has _____ minutes to talk.

7   We have _____ bit of milk.

8   We had a lot of _____.

9   They have _____ monitors.

10   I have _____ shopping to do.

11   I have _____ idea.

12   We didn't have _____.

13   Would you like _____ food?

월 / 일   오늘 공부 끝 👍

1   왜 그런지 정확히 모르겠어요.

2   영어를 정말 잘하시네요.

3   그녀는 종종 음식을 나눠줘요.

4   저는 보통 봄에 굉장히 바빠요.

5   그는 빨리 일해요.

6   그녀는 회사에 지각했어요.

7   그녀는 늦게까지 일해요.

8   저는 근면한 사람이에요.

9   요즘 열심히 일하고 있어요.

10 그는 거의 끝났어요.

11 우리는 이제 거의 만나지 않아요.

12 근래에 그녀와 이야기하지 않았어요.

13 요리사가 그 메뉴를 적극적으로 추천했어요.

정답	
01	exactly
02	really
03	often
04	usually
05	fast
06	is late
07	late
08	worker
09	hard
10	nearly
11	hardly
12	lately
13	highly

1   I don't know _____ why.

2   You are _____ good at English.

3   She _____ shares her food.

4   I am _____ very busy in spring.

5   He works _____.

6   She _____ for work.

7   She works _____.

8   I'm a hard _____.

9   I'm working _____ these days.

10 He is _____ done.

11 We _____ ever meet anymore.

12 I haven't spoken to her _____.

13 The cook _____ recommended the dish.

월 / 일 오늘 공부 끝 👍

12. 비교급, 최상급

117~126쪽

말하기 연습 MP3 12_Speak

1

2

3

1	셋 중에서 이게 가장 빨리 작동해요.
2	생각보다 덜 어렵네요.
3	가장 어려운 일이에요.
4	당신이 나보다 더 나아요.
5	그 영화는 최악이었어요.
6	그가 나보다 훨씬 더 많이 가졌어요.
7	새 차가 예전 차보다 월등해요.
8	우리는 영화보다 책을 좋아해요.
9	가능한 한 빨리 전화 주세요.
10	할 수 있는 한 기다릴 거예요.
11	더 많이 줄수록 더 많이 받아요.
12	사람이 정말 멋지네요!
13	날씨가 정말 좋네요!

정답

01	fastest
02	less
03	the most
04	better
05	the worst
06	much more
07	superior
08	prefer
09	as soon
10	as long
11	the more
12	What a
13	lovely

1_ 우리말에 맞게 빈칸을 채우고
2_ 원어민 음성을 들으며 따라 하고
3_ 의미를 생각하며 말해보자

1 This works _____ among the three.

2 It is _____ difficult than I thought.

3 That's _____ difficult task.

4 You are _____ than me.

5 That movie was _____.

6 He has _____ than me.

7 The new car is _____ to my old car.

8 We _____ books to movies.

9 Please call me _____ as possible.

10 I will wait _____ as I can.

11 The more you give, _____ you receive.

12 _____ beautiful person!

13 What a _____ day it is!

월 / 일 오늘 공부 끝 👍

263

1

2

3

1	그들은 늦게 나타났어요.
2	차에 탑시다.
3	실내에서는 코트를 벗으세요.
4	코트 입으세요. 추워요.
5	저는 피자 (먹는 거) 괜찮아요.
6	좋은 아이디어가 생각났어요.
7	너무 쉽게 포기하지 마세요.
8	친구 때문에 실망했어요.
9	통화 중에 전화가 끊겼어요.
10	우연히 흥미로운 기사를 봤어요.
11	친구는 이제 독감이 나았어요.
12	없던 일로 합시다.
13	아침마다 앱이 절 깨워요.

정답

01	up
02	in
03	off
04	Put on
05	go for
06	came up
07	give up
08	down
09	cut off
10	across
11	got over
12	call it off
13	wakes me up

1   They turned _____ late.

2   Let's get _____ the car.

3   Take _____ your coat when indoors.

4   _____ your coat. It's cold.

5   I could _____ pizza.

6   A good idea _____.

7   Don't _____ too easily.

8   My friend let me _____.

9   We got _____ during our call.

10   I came _____ an interesting news article.

11   My friend just _____ the flu.

12   Let's _____.

13   The app _____ every morning.

월 / 일 오늘 공부 끝 👍

265

TALK!

1   우리 가족들은 서울에서 살고 있어요.

2   사랑은 아름다운 거예요.

3   좋은 소식에 오늘 기쁘네요.

4   즐거울 때 시간은 빨리 가요.

5   저는 매일 커피 세 잔씩 마셔요.

6   제 친구가 충고를 하나 해줬어요.

7   소금 좀 주세요.

8   오늘 밤은 보름달이네요.

9   우리는 평화롭게 살 수 있어요.

10   걸어서 그곳에 갔어요.

11   해가 지면 저녁을 먹어요.

12   내 딸은 (공부하러) 학교에 갔어요.

13   늦었어. 아들, 이제 자러 가렴.

1

2

3

정답

01	is
02	Love
03	news
04	fun
05	cups
06	piece
07	the salt
08	The moon
09	peace
10	on foot
11	sunset
12	school
13	bed

1 My family _____ living in Seoul.

2 _____ is a beautiful thing.

3 The good _____ makes my day.

4 Time flies when you're having _____.

5 I drink three _____ of coffee every day.

6 My friend gave me a _____ of advice.

7 Pass _____, please.

8 _____ is full tonight.

9 We can live in _____.

10 I went there _____.

11 We have dinner after _____.

12 My daughter went to _____.

13 It's late. Go to _____, son.

월 / 일 오늘 공부 끝 👍

TALK!

1 그를 가급적 빨리 만나고 싶어요.

2 저희 다음 달에 결혼하기로 했어요.

3 뭘 해야 할지 모르겠어요.

4 점심을 먹으러 어디로 갈지 정합시다.

5 유튜브에서 라자냐 요리하는 법을 배웠어요.

6 마실 것이 필요해요.

7 시원하게 마실 것이 필요해요.

8 잠 잘 시간이에요.

9 (안 좋은 소식에) 유감이에요.

10 그들을 보고 놀랐어요.

11 케이크가 나눠 먹기에 충분히 컸어요.

12 기분이 나아지도록 외출을 했어요.

13 제시간에 가기 위해 서둘러야 해요.

정답

01	to meet
02	to get
03	what to do
04	where to go
05	how to cook
06	to drink
07	cold
08	to go
09	to hear
10	to see
11	big enough
12	To feel
13	in order to

1   I want _____ him as soon as possible.

2   We decided _____ married next month.

3   I don't know _____.

4   Let's decide _____ for lunch.

5   I learned _____ lasagna on YouTube.

6   I need something _____.

7   I need something _____ to drink.

8   It is time _____ to bed.

9   I'm sorry _____ that.

10   I was surprised _____ them.

11   The cake was _____ to share.

12   _____ better, I went out.

13   We need to hurry _____ be on time.

월 / 일 오늘 공부 끝 👍

1   그곳에 전에 갔던 것을 기억해요.

2   오늘 그곳에 간다는 사실을 잊었어요.

3   스트레칭 하는 것을 멈췄어요.

4   한번 최선을 다해 볼게요.

5   주말에 우리는 등산을 즐겨 해요.

6   그들은 지하철로 이동하라고 제안했어요.

7   신작 영화를 보고 싶어요.

8   이번 주 금요일에 만나기로 했어요.

9   그는 제시간에 도착하지 않았어요.

10   잠깐 쉬는 게 어때요?

11   감자칩을 또 먹지 않고는 못 배기겠어요.

12   그들은 만날 가치가 있을 거예요.

13   저는 무서운 영화를 보는 게 힘들어요.

정답

01	going
02	to go
03	stretching
04	try
05	enjoy
06	suggested
07	would like
08	planned
09	failed
10	taking
11	cannot help
12	worth
13	watching

1 I remember _____ there before.

2 I forgot _____ there today.

3 I stopped _____ my body.

4 I will _____ doing my best.

5 We _____ hiking on the weekends.

6 They _____ traveling by subway.

7 I _____ to see the new movie.

8 We _____ to meet this Friday.

9 He _____ to arrive on time.

10 How about _____ a break?

11 I _____ eating another potato chip.

12 It will be _____ meeting them.

13 I have difficulty _____ scary movies.

월 / 일 오늘 공부 끝 👍

TALK!

17. 수동태

165~171쪽

말하기 연습 MP3 **17_Speak**

1	문이 잠겼어요.
2	돈이 비밀리에 보내졌어요.
3	아무도 그녀를 보지 않았어요.
4	그 책에 관심 있으세요?
5	뭐에 관심이 있으세요?
6	뭐가 배달되었죠?
7	누가 승진했나요?
8	전 역사에 관심이 있어요.
9	영화의 결말에 놀랐어요.
10	책상이 먼지투성이예요.
11	저는 결과에 만족해요.
12	그건 금으로 만들었어요.
13	같은 일을 하는 데 지쳤어요.

정답

01	locked
02	sent
03	not seen
04	Are you
05	What are
06	What
07	Who
08	in history
09	surprised
10	with
11	with
12	of gold
13	tired of

1   The door was _____.

2   The money was _____ secretly.

3   She was _____ by anyone.

4   _____ interested in the book?

5   _____ you interested in?

6   _____ was delivered?

7   _____ was promoted?

8   I'm interested _____.

9   We were _____ at the ending of the movie.

10 My desk is covered _____ dust.

11 I'm satisfied _____ the result.

12 It's made _____.

13 I'm _____ doing the same thing.

18. 문장형식

180~186쪽

말하기 연습 MP3 18_Speak

1

2

3

1	저는 혼자 살아요.
2	어제 눈이 많이 왔어요.
3	계획은 잘 진행됐어요.
4	그녀는 신이 났어요.
5	저는 피곤해졌어요.
6	음식 냄새가 좋네요.
7	내 노트북 빌려줄게요.
8	그녀가 저녁을 만들어줬어요.
9	그가 재미있는 얘기를 해줬어요.
10	유튜브로 즐거운 시간을 보내요.
11	그녀가 제게 자기 에어팟을 빌려줬어요.
12	그녀가 제게 보고서를 건넸어요.
13	그가 제게 꽃을 사다 줬어요.

정답

01	live
02	fell
03	worked
04	excited
05	tired
06	great
07	lend you
08	made me
09	told me
10	shows me
11	lent
12	to me
13	for me

1   I _____ alone.

2   Snow _____ heavily yesterday.

3   The plan _____ well.

4   She became _____.

5   I grew _____.

6   The food smells _____.

7   I will _____ my laptop.

8   She _____ dinner.

9   He _____ a funny story.

10 YouTube _____ a good time.

11 She _____ her Airpods to me.

12 She passed the papers _____.

13 He bought flowers _____.

월 / 일 오늘 공부 끝 👍

1

2

3

1 그녀한테 당신에게 전화하라고 할게요.

2 그가 절 다시 돌아오게 했어요.

3 프로그램이 순조롭게 진행되는 것을 아실 수 있어요.

4 그들이 절 보는 걸 느꼈어요.

5 그들이 절 보고 있는 걸 느꼈어요.

6 차가 붕 하고 가는 소리가 들려요.

7 그는 제가 새 드라마를 보기를 원해요.

8 그들에게 이따 다시 전화해달라고 했어요.

9 계획이 순조롭게 진행되길 기대해요.

10 상사가 일찍 퇴근하도록 허락해주었어요.

11 파티가 끝나고 그녀를 도와 치웠어요.

12 제 컴퓨터를 고치게 했어요.

13 손가락이 종이에 베인 것을 느꼈어요.

	정답
01	have
02	made
03	see
04	watch
05	watching
06	zooming
07	wants me
08	asked them
09	expect
10	allowed me
11	helped her
12	fixed
13	cut

1   I will _____ her call you.

2   He _____ me come back again.

3   You can _____ the program run smoothly.

4   I felt them _____ me.

5   I felt them _____ me.

6   I can hear cars _____ by.

7   He _____ to watch the new drama.

8   I _____ to call back later.

9   We _____ the plan to go smoothly.

10   My boss _____ to leave early.

11   I _____ to clean up after the party.

12   I got my computer _____.

13   I felt my finger _____ by the paper.

월 / 일 오늘 공부 끝 👍

1 춤추고 있는 여자가 제 여동생이에요.

2 줄을 서서 기다리고 있는 사람들은 새 전화기를 사고 싶어 해요.

3 소스를 익힌 면에 부으세요.

4 어제 만들어 놓은 음식을 먹고 있어요.

5 지난주에 고쳤던 모니터가 또 안 나와요.

6 당신이 늦게까지 일하고 있는 걸 봤어요.

7 누군가가 제 이름을 부르는 것을 들었어요.

8 보고서가 급히 파쇄되는 것을 봤어요.

9 아이들을 가만히 있게 했어요.

10 어제 머리카락을 잘랐어요.

11 그녀에 대해 말하는 김에, 어제 그녀와 우연히 마주쳤어요.

12 어제와 비교하면 오늘은 수월했어요.

정답

01	dancing
02	waiting
03	cooked
04	cooked
05	fixed
06	working
07	calling
08	shredded
09	stay
10	cut
11	Speaking
12	Compared

1 The _____ woman is my sister.

2 The people _____ in line want to buy the new phone.

3 Add sauce to the _____ noodles.

4 I'm eating the food _____ yesterday.

5 The monitor _____ last week is broken again.

6 I saw you _____ late.

7 I heard someone _____ my name.

8 I saw the papers _____ in a hurry.

9 I made my kids _____ still.

10 I had my hair _____ yesterday.

11 _____ of her, I bumped into her yesterday.

12 _____ to yesterday, today was an easier day.

월 / 일 오늘 공부 끝 👍

1 ████ 당신이 대화한 그 사람이 제 언니예요.

2 ████ 지난주에 샀던 셔츠가 지금 세일해요.

3 ████ 당신이 말한 그 이름을 들어봤어요.

4 ████ 파리는 제가 언젠가 가고 싶은 도시예요.

5 ████ 이상한 냄새가 나는 음식은 버렸어요.

6 ████ 그 웹사이트에서 강력히 추천하는 책을 읽었어요.

7 ████ 제가 사고 싶은 것은 새 전화기예요.

8 ████ 내가 말하고 있던 게 바로 이거예요.

9 ████ 그녀가 한 말이 모두 기억이 나지 않아요.

정답	
01	who
02	which
03	which
04	which
05	which
06	that was
07	that I want
08	thing that
09	all that

1   The person _____ you talked with is my sister.

2   The shirt _____ I bought last week is on sale now.

3   I have heard the name _____ you mentioned.

4   Paris is a city _____ I want to visit one day.

5   We threw out the food _____ smelled strange.

6   I read a book _____ highly recommended on the website.

7   Something _____ to buy is a new phone.

8   The very _____ I was talking about is this.

9   I can't remember _____ she said.

월 / 일 오늘 공부 끝 👍

1 당신이 여기에 있는 이유를 알아요.

2 모두들 제가 늦은 이유를 몰라요.

3 비행기가 도착하는 시간을 확인했어요.

4 제가 전등을 고친 방법을 그들에게 보여줬어요.

5 이야기할 필요가 있을 때에는 언제든지 전화하세요.

6 내가 어디에 있든지, 내겐 전화기가 있으니 길을 찾을 수 있어요.

7 아무리 피곤하더라도 회사에 가야 해요.

8 무슨 일이 일어나도 이보다 더 나쁠 수는 없어요.

9 당신이 무슨 말을 하더라도 그는 듣지 않을 거예요.

10 어느 색을 고르든지 줄게요.

정답	
01	why
02	the reason
03	the time
04	how
05	whenever
06	Wherever
07	However
08	Whatever
09	Whatever
10	whichever

1 I know the reason _____ you are here.

2 Nobody knows _____ why I'm late.

3 I checked _____ the plane arrives.

4 I showed them _____ I fixed the lights.

5 Call me _____ you need to talk.

6 _____ I am, I can find my way because I have my phone.

7 _____ tired, I have to go to work.

8 _____ happens, it couldn't be worse.

9 _____ you say, he won't listen.

10 I will give you _____ color you choose.

월 / 일 오늘 공부 끝 👍

1 차나 우유 중에서 골라요.

2 이걸 마시세요. 그러면 좀 더 나아질 거예요.

3 뭘 좀 먹어요. 그러지 않으면 배가 고플 거예요.

4 노트북과 태블릿 둘 다 사고 싶어요.

5 둘 다 제 타입이 아니에요.

6 어렸을 때는 수영하는 것을 좋아했어요.

7 저는 일하는 동안 음악을 들어요.

8 저녁을 먹고 나니 졸려요.

9 그가 돌아오면 전화할게요.

10 내일 비가 오면 차로 태우러 갈게요.

11 당신이 피곤한 것 알아요.

12 당신이 좋은 친구라는 걸 믿어요.

13 힙합을 좋아하시는지 궁금해요.

정답	
01	or
02	and you will
03	or you will
04	both
05	Both of them
06	When
07	while
08	after
09	comes
10	rains
11	that
12	that
13	wonder if

1 Choose tea _____ milk.

2 Drink this _____ feel better.

3 Eat something _____ be hungry.

4 I want to buy _____ a laptop and a tablet.

5 _____ are not my type.

6 _____ I was young, I loved to swim.

7 I listen to music _____ I work.

8 I feel sleepy _____ dinner.

9 When he _____ back, I will call you.

10 If it _____ tomorrow, I will pick you up.

11 I know _____ you are tired.

12 I believe _____ you are a great friend.

13 I _____ you like hip-hop.

월 / 일 오늘 공부 끝 👍

1

2

3

1   여기서 기다리고 있으면 모두 올 거예요.

2   지금 나가지 않으면, 버스를 놓칠 거예요.

3   당신이 여기 있다면 절 도와줄 수 있을 텐데요.

4   제가 시간이 있다면 당신과 같이 갈 텐데요.

5   당신이 확인했다면 알았을 텐데요.

6   마치 아무도 없는 것처럼 조용하네요.

7   관심 있는 것처럼 말하시네요.

8   거기 가봤던 것처럼 말하시네요.

9   지금 내게 시간이 좀 더 있다면.

10 그때 당신의 말을 들었더라면.

11 도움 없이는 이 일을 마치지 못했을 거예요.

	정답
01	will
02	will miss
03	were
04	would
05	had
06	as if
07	cared
08	had been
09	had
10	had listened
11	Without

1 If you wait here, everyone _____ come.

2 If you don't leave now, you _____ the bus.

3 If you _____ here, you could help me.

4 If I had the time, I _____ go with you.

5 If you _____ checked, you would have known.

6 It's quiet _____ nobody were here.

7 You speak as if you _____.

8 You speak as if you _____ there.

9 I wish I _____ more time.

10 I wish I _____ to you.

11 _____ any help, I could not finish this.

월 / 일 오늘 공부 끝 👍

톡톡톡
말하기
영문법

초판 1쇄 발행 2020년 6월 15일

지은이 글로벌21 어학연구소
감수자 정재우
기획 및 편집 오혜순
디자인 및 조판 박윤정 · 오혜순
영업마케팅 정병건

펴낸곳 ㈜글로벌21
출판등록 2019년 1월 3일
주소 서울시 종로구 삼일대로 15길 19
전화 02)6365-5169   팩스 02)6365-5179   www.global21.co.kr

ISBN 979-11-965975-9-7 13740

· 이 도서의 국립중앙도서관 출판예정도서목록(CIP)은 서지정보유통지원시스템 홈페이지
  (http://seoji.nl.go.kr)와 국가자료종합목록 구축시스템(http://kolis-net.nl.go.kr)에서 이용하실 수
  있습니다. (CIP제어번호 : CIP2020022423)